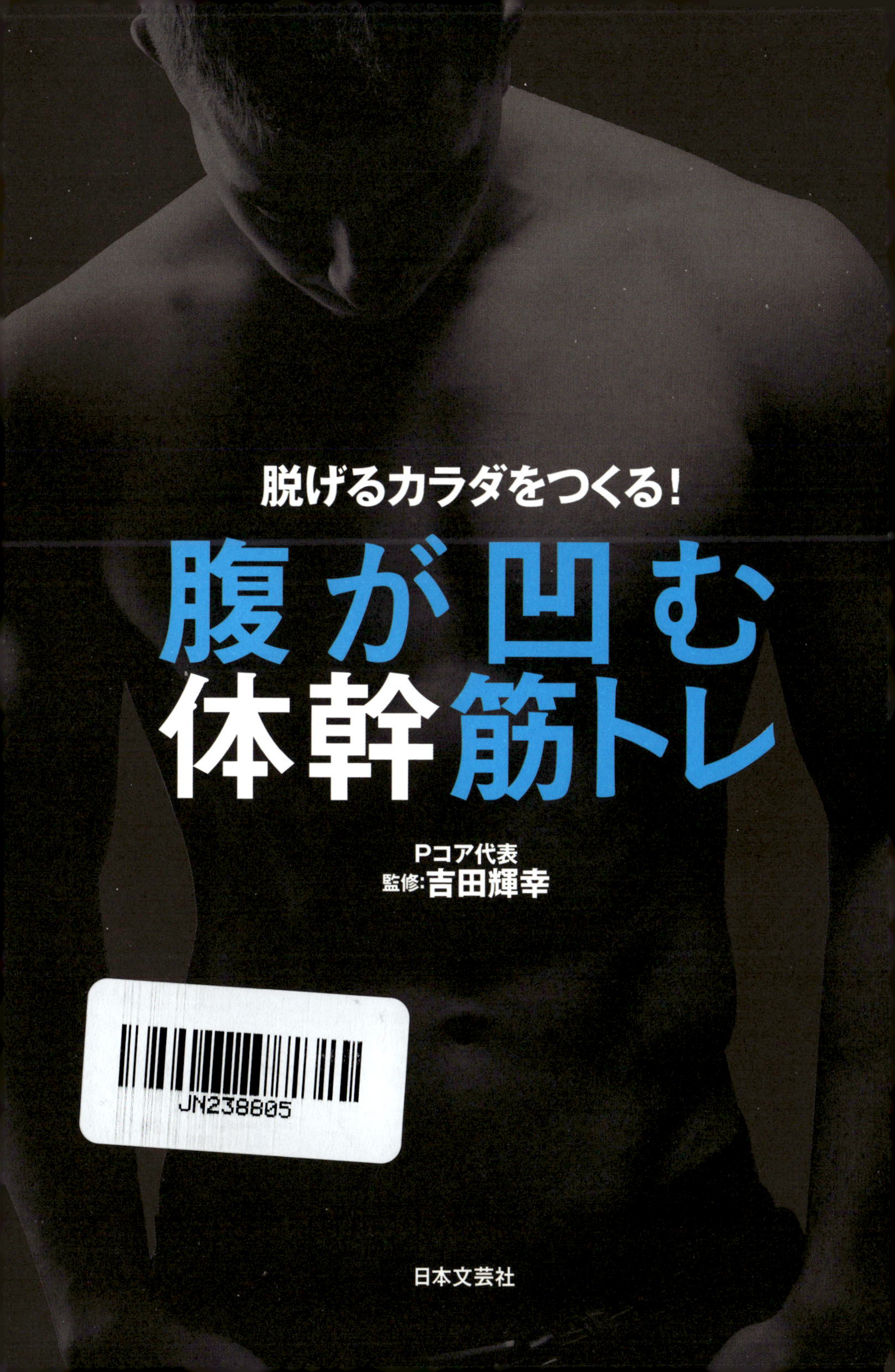

脱げるカラダをつくる!

腹が凹む 体幹筋トレ

Pコア代表
監修:吉田輝幸

日本文芸社

腹が凹む体幹筋トレ

Contents

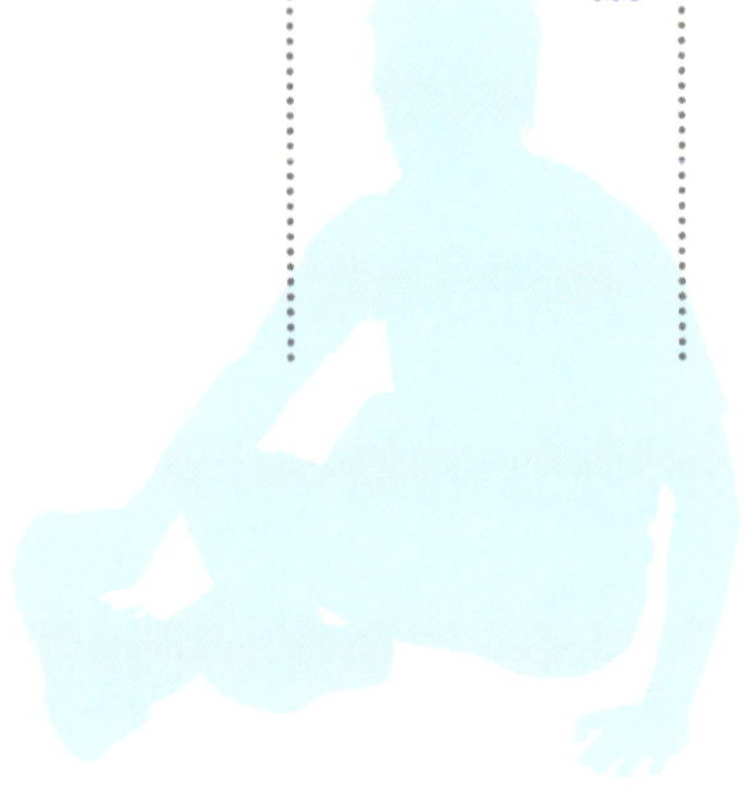

※ 各種トレーニングについて
本誌に掲載している各種トレーニング・食事法を行う際、体調に不安のある方、妊娠中の方（その可能性のある方含む）、持病をお持ちの方などは、専門の医師と相談の上、指示に従って下さい。また、トレーニング・食事法による効果には個人差があるということを予めご了承下さい。

PART1

吉田式

もう二度と太らない体をつくる Pコアトレーニング

知識編

体幹を意識して太らないクセを身につける

なぜ人間は太るのでしょうか。なぜお腹が出てきてしまうのでしょうか。基礎代謝が下がるから？　食べ過ぎているから？　それとも運動をしないから？　そのどれもが正しいものの、なかなかすべてを改善するのは難しいのが現実です。

そんな人にうってつけの方法が、「体幹」を意識して太らない体をつくる「吉田式Pコアトレーニング」。筋肉量を増やすのではなく、正しく体を使えるようにするためのトレーニングです。体を正しく使って太らないクセを身につけ、引き締まったお腹を手に入れましょう。

肩コリや腰痛も改善！キレのある身のこなしに

立つ、座る、歩く――。体には必ず〝正しい〟使い方が存在します。胴体である体幹部分が軸となって動作を行い、それを手足の筋肉で補うのが本来の仕組み。ですが、関節や筋肉の可動性が低くなると使うべき筋肉が正しく使われず、別の筋肉で動作を補う「代償動作」をとってしまうようになります。

Pコアトレーニングはこのような間違った体の使い方を正しく矯正するメソッド。腹が凹むのは当然のこと、身のこなしにキレが出る、肩コリや腰痛が改善されるなど、多くのメリットがあります。

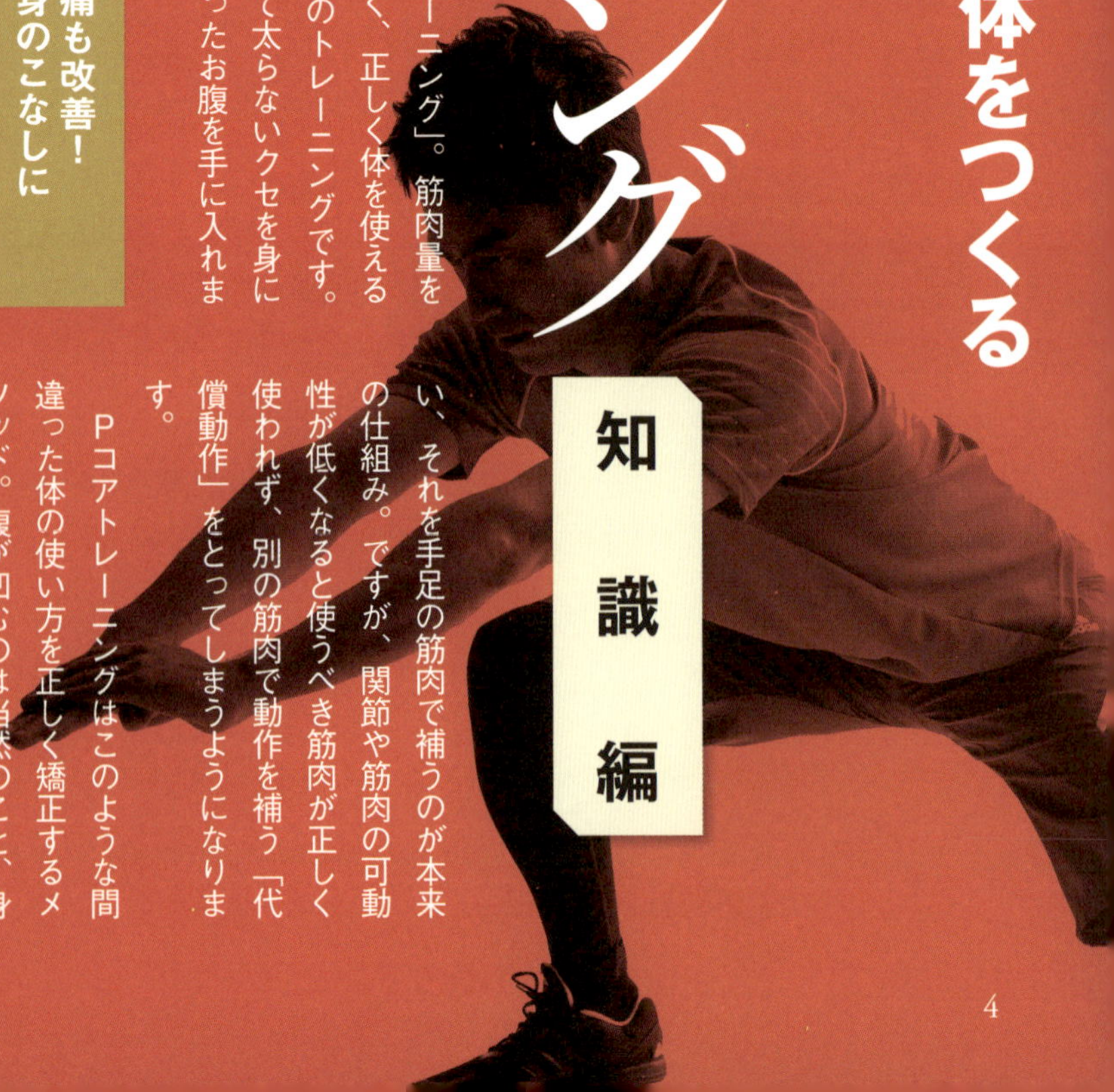

腹を凹ますためには体幹を鍛えよう

自分の体をよみがえらせ美しい腹筋を手に入れる

「お腹を凹ませるためにジムで腹筋を鍛える」というように、体づくりといえば、気になるパーツの筋肉を直接動かす方法がスタンダードかもしれません。ですが、Pコアトレーニングでは体幹をしっかりと鍛えることで体全体が機能的に動くようになり、結果としてボディラインが劇的に変化します。

立つ、座る、といった日常の動作で正しく腹筋を使えていない状態では、どんなに鍛えても効率的にお腹は締まりません。そればかりか、代償動作で使われている別のパーツが鍛えられてしまい、理想のボディとはかけ離れてしまいます。

本来、すべての動作は体幹を使って行われるべきもの。Pコアトレーニングは、お腹を凹ませたいから腹筋、というその場しのぎの体づくりではなく、体の土台を改めて見直すことで自分の体をよみがえらせ、180度変えてくれるメソッドです。まずは全身を見直すことこそ、締まった腹筋への近道なのです。

P core training

P core training

より効率的に鍛えるために鍛えるべき筋肉を知る

腹を凹ませたいなら体幹を鍛えるのが近道。
ここでは具体的な体幹のパーツをチェックしてみましょう。

前面

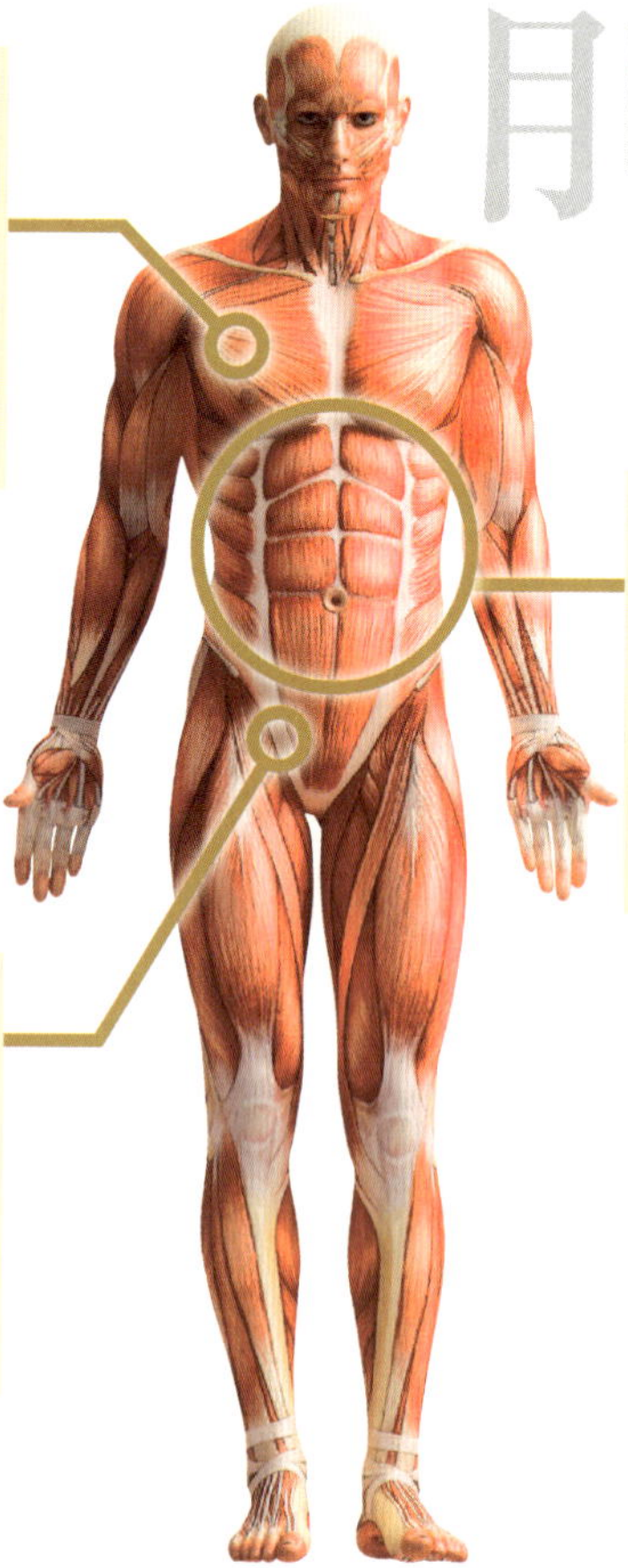

大胸筋

胸に位置する大きな筋肉。上半身の体幹を安定させるのが大きな役割

腹筋群

注目

腹直筋、外腹斜筋、内腹斜筋、腹横筋の４つの筋肉。体幹の土台となる

腸腰筋

大腰筋や腸骨筋などからなる。体の深部にあり、正しい姿勢のキープに欠かせない

〝腹筋（＝社長）〟と〝お尻（＝常務）〟がきちんと動かせる体に

Pコアトレーニングの最終目的は、体を機能的に動かせるようにすること。そのために意識して動かしたいのが、下に挙げた体幹周りの筋肉です。これらを意識してトレーニングすれば、筋肉にスイッチが入り、可動性、柔軟性、安定性のある体に変えることができます。

この中でも特に注目したいのが、腹筋とお尻の筋肉。全身の筋肉を〝会社員〟にたとえるなら、この2つは〝社長〟と〝常務〟といえるほど大きなパワーをもっています。体の軸をととのえ、腹筋とお尻の筋肉を正しく使うことができると、それほど力を入れなくても大きなパフォーマンスを生み出すことができるようになるのです。

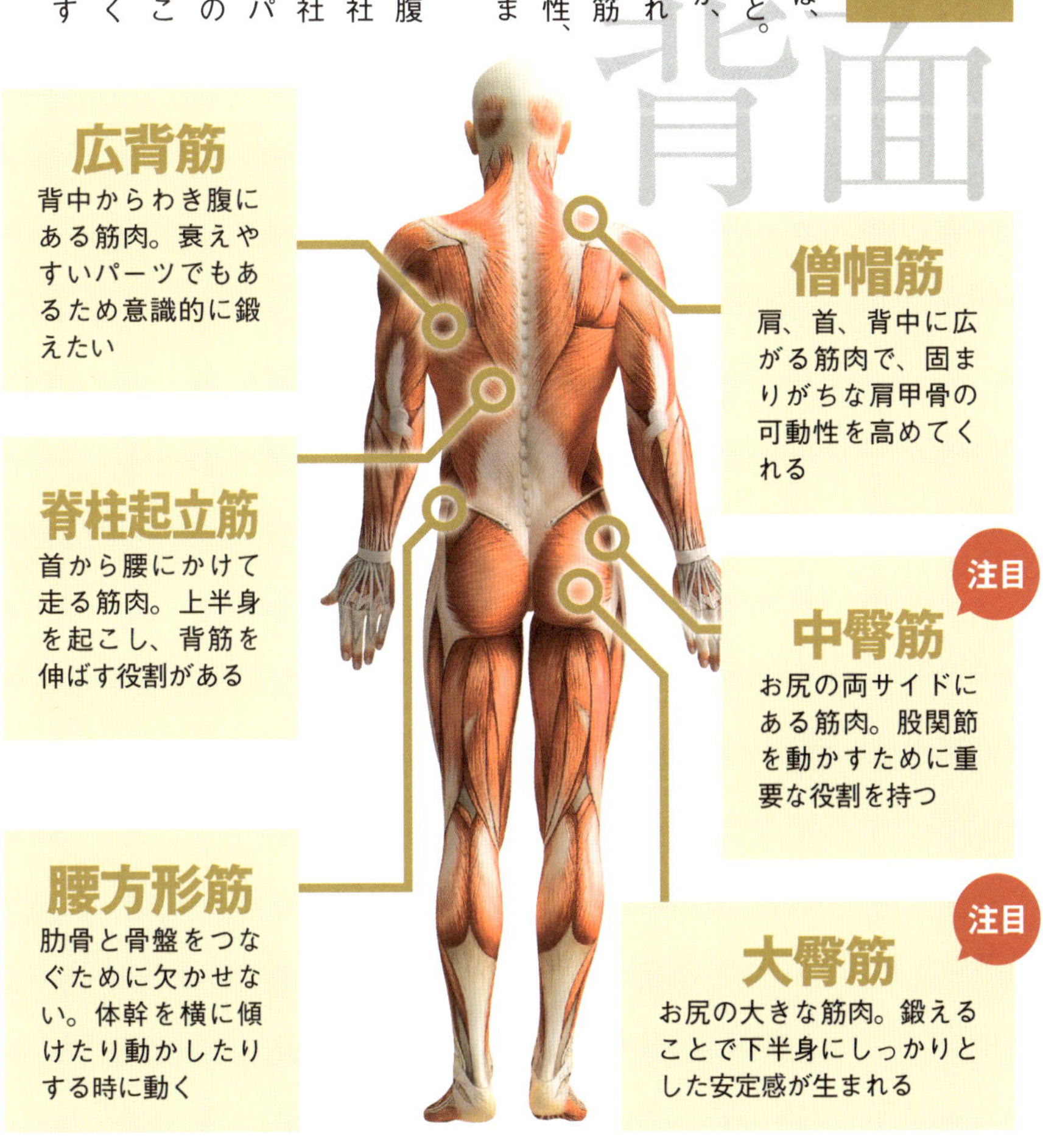
背面
広背筋
背中からわき腹にある筋肉。衰えやすいパーツでもあるため意識的に鍛えたい
僧帽筋
肩、首、背中に広がる筋肉で、固まりがちな肩甲骨の可動性を高めてくれる
脊柱起立筋
首から腰にかけて走る筋肉。上半身を起こし、背筋を伸ばす役割がある
注目
中臀筋
お尻の両サイドにある筋肉。股関節を動かすために重要な役割を持つ
腰方形筋
肋骨と骨盤をつなぐために欠かせない。体幹を横に傾けたり動かしたりする時に動く
注目
大臀筋
お尻の大きな筋肉。鍛えることで下半身にしっかりとした安定感が生まれる

P core training

3つの パーツが 体を変える近道に!

体のパーツのなかでも、正しく使われていないことが多いのが、大臀筋、腹筋、肩甲骨の3つ。ここを見直すことで体の機能性が爆発的にアップします!

下半身がぶれないよう安定させる

人間の体のなかでもっとも大きいのがお尻の筋肉。下半身がぶれないよう安定させる役割のほか、歩く、走る、といった基本的な動作でも使われます。大臀筋がきちんと使われていないと、太ももが太くなったり、ひざの痛みが起こりやすくなります。

← **大臀筋**

美しい姿勢のために欠かせない

腹直筋、外腹斜筋、内腹斜筋、腹横筋の４つの総称。体をひねったり、前に倒す時などに使われます。正しい姿勢をキープするためにも欠かせません。姿勢が悪い人は腹筋が衰えている可能性があるので気をつけたいところ。

← **腹筋**

腕の動きのパフォーマンスを上げる

肩の少し下に左右につく三角形の骨。多方向に動かすことができます。腕を動かすための土台となる部分であるにもかかわらず、肩甲骨を使わずに肩や腕の筋肉だけで腕を動かしている人も。可動性が低いと肩こりなどの原因にもなります。

← **肩甲骨**

P core training

吉田式 Pコアトレーニングの 3大メリット

始める前に、まずはトレーニングのメリットを押さえておきましょう。
通常の筋トレとはまた違うメリットを知れば、モチベーションアップにつながります!

メリット1

脂肪を燃焼しやすい体になる

体の本来の使い方とは、肩甲骨、腹筋、お尻の筋肉といった体幹がベースとなって動き、手足など末端の筋肉がそれをサポートする、というものです。体幹の筋肉は大きくパワフルなため、本来の使い方に戻すことで使う筋肉が増え、自然とエネルギー消費量がアップ。太りにくい体になります。

メリット2

ケガや故障をしにくくなる

たとえばランニングでひざや腰を痛めた、という場合は、体幹を使わず太ももやふくらはぎの筋肉ばかりを使って走っている可能性があります。腹筋や大臀筋といった体幹部分をベースに動き、足の筋肉はサブ的に動くのが本来の走る姿。正しい体の使い方ができるようになると太ももやふくらはぎなどの負担が減るため、ケガも少なくなります。

メリット3

体のゆがみがとれ肩こりや腰痛もスッキリ

肩の位置が左右違ったり、猫背になっていたりするなど、体のゆがみがあるとシルエットが崩れるのはもちろん、肩こりなど不調の原因に発展しやすくなります。体幹を鍛えて体を正しく使えるようにすることで骨格や筋肉を正しい位置に戻すことができるため、ゆがみがとれるうえ、腰や肩への負担が減るので肩こり、腰痛が軽減されます。

そのほかこんなにうれしい効果も!

- ゴルフやランニング、野球など、スポーツの動作がスムーズになる
- アンチエイジング効果で、年齢を重ねても元気な体をキープできる
- 日ごろから多くの筋肉を動かすため、生活習慣病などのリスクが下がる

あなたはできる?

まずはコレだけやってみよう!

あなたの体幹はいま、どれくらい鍛えられているのでしょうか?
実際に体を動かしながら、レベルを実感してみましょう。

P core training

フロントブリッジ

Front Bridge

COUNT 30秒

まずはうつ伏せの状態から両肘・両ひざをついた姿勢に。
次に両ひざを床面から離して、体のラインが一直線になるように持ち上げます。
そのまま30秒間キープしてみましょう。

CHECK1
30秒間キープできるか

CHECK2
お尻の位置が下がっていないか

実感しづらい体幹の安定性をチェックしよう

自分の体の軸にはどれくらい筋力があるのか、というのはなかなか実感しづらいもの。それなら、まずはこの「フロントブリッジ」を試してみましょう。この種目だけで体幹のすべてが使えているかどうかをチェックするのは難しいものの、代表的な体幹の筋肉でもある腹直筋と、お尻の筋肉が正しく使えているかを知ることができます。

写真のポーズを30秒間キープできない、お尻の位置が下がってしまう、という場合は、腹直筋とお尻の筋力が足りないといえます。トレーニングで鍛えましょう。

Point

お尻の筋肉を締めながら腹筋に力を入れることで、全身が一直線になった状態を作ることができる。

吉田式 Pコアトレーニング

機能的な体をつくる

コア・ストレッチ編

体幹の筋肉や関節を目覚めさせる

ここからは早速Pコアトレーニングを実践していきましょう。まずは、体幹の筋肉や関節を目覚めさせる「コア・ストレッチ」から。

このストレッチの目的は、骨格や筋肉の柔軟性、可動性、安定性をバランスよく高め、機能的に動く体になることです。ケガを予防し、その後のトレーニングをよりスムーズにする効果もあります。

まずはじめにマスターしよう！

正しい基本姿勢

お腹をぐっと凹ませたら、肩を落とし、耳、肩、ひざが一直線になるように立つ。これが、背筋と腹筋を5対5で使えている正しい姿勢です。姿勢をよくしようとすると、多くの人が胸を張って腰を反りすぎ、腹筋には力が入らない1対9の反り腰に。無意識でいると、どちらも0の猫背になりがちです。

正しい腹式呼吸

横隔膜や腹横筋などを締める腹式呼吸では、息を吸いながらお腹をふくらませ、吐きながら凹ませます。実際のトレーニングは、凹ませた状態をキープしながら自然な腹式呼吸で行いますが、まずは「膨らむ」→「凹む」の腹筋の動かし方を体で覚えましょう。

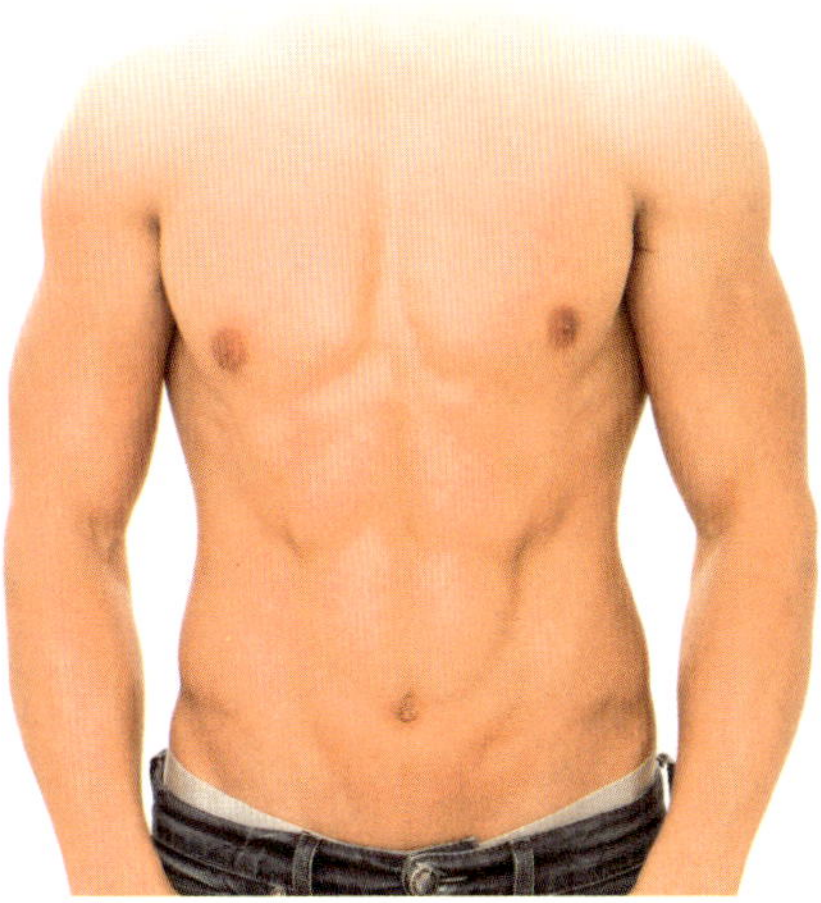

① 吸う

**鼻から息を吸いながら
お腹を思い切り膨らませる**

正しい姿勢で立ち、鼻から息を吸いながら、お腹を最大限に膨らませる。

② 吐く

**口からゆっくり吐いて
絞るように凹ませる**

口から息を吐きながらお腹を凹ませる。肋骨は背中側に落としこむイメージで。

P core training

ヒップクロスオーバー

わき腹あたりを斜めに走る腹斜筋は、
体をひねる時に使う筋肉。
使う機会が少なく固くなりがちなので
この種目でしっかり伸ばしておきましょう。

COUNT 左右交互に **10回**

TARGET **腹斜筋群《ふくしゃきんぐん》**

Hip Crossover

1 床に仰向けになり
両足をそろえて上げ
ひざを直角に曲げる。
上半身は力を抜いておく

2 腰をひねりながら
両ひざを左側に倒す。
この時太ももが床と
平行になるようにする。
上半身は固定したままで

Point

ひねった方の肩が床面から浮くことがよくあるので、しっかり床に着くよう固定しておこう

3 ②と同様に反対側もひねり
左右交互に行う

だるまストレッチ

Daruma Stretch

体の重さを利用して脊柱周りから背中までの筋肉をほぐすストレッチ。
体幹の柔軟性が上がるほか、腰痛予防にもおすすめ。

COUNT **10回**

TARGET **脊柱《せきちゅう》起《き》立筋《りつきん》**

1 両ひざを
抱えるようにして
床に座り
背中を丸める

2 そのまま後ろに倒れる。
背中の力は抜く

3 動きを止めないよう
意識しながら
再び起き上がる。
ゆりかごのようなイメージで。
そのまま①、②を繰り返す

NG

背中を伸ばさない

背中を伸ばした状態でいると
動きが止まってしまうため、
必ず丸めるように

チェストストレッチ

Chest Stretch

大きな筋肉である大腿部と胸部を鍛えることでよりぶれにくく、安定感のある体に。
肩甲骨を動かすため肩こりにも効果的です。

COUNT **10回**

TARGET **大胸筋《だいきょうきん》**

1 右足を出してひざ立ちの姿勢をとり、両腕を前に伸ばす。手のひらは上にし肩と同じ高さに

2 5秒かけ 腕を真横まで動かす

Point

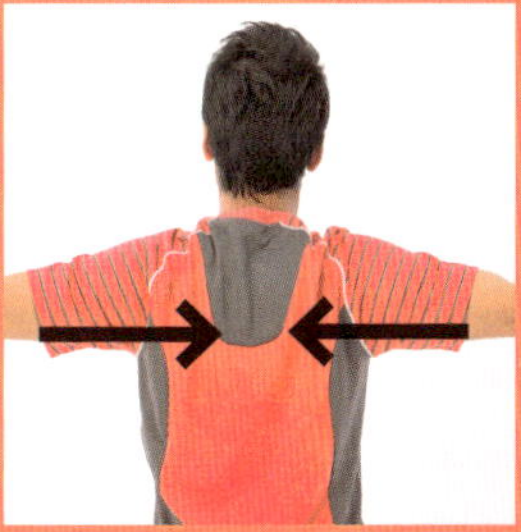

この時、肩甲骨を寄せるよう意識しながら動かすとよい

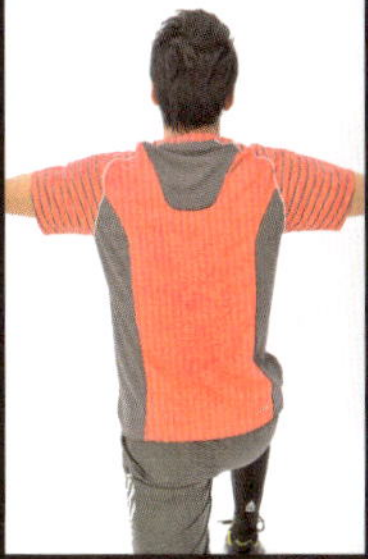

真横まで大きく開く

腕の開き方が小さいと、肩甲骨が大きく動きにくいので注意したい

ケノビストレッチ

COUNT 左右×5回

TARGET 広背筋《こうはいきん》・菱形筋《りょうけいきん》

Kenobi Stretch

デスクワークなどでこり固まってしまいがちな
肩甲骨周辺を伸ばすストレッチ。
足をけりながら上半身の
重心を後ろに傾けるのがコツ。

1 あぐらの姿勢をとり
左足をのばして
つま先を立て
右手で持つ

2 左足のつま先に
ゆっくり力を
入れるようにして伸ばす

3 右腕の力を抜き
腕が引っ張られるのを
意識しながらさらに伸ばす。
同時に背筋を起こしながら。
右足も同様に

NG

体を傾けない

体を傾けるとうまく力が入らないので、つねに上半身は正面を向いた状態で行う

吉田式 Pコアトレーニング

軸を鍛えて腹を凹ます

ドローイン編

ドローインはすべての基本

ドローイン（draw in）とは英語で「内側に引き寄せる」という意味で、お腹を思い切り凹ませた状態のこと。Pコアトレーニングでは、全ての種目をドローインの状態で行うことが前提です。ドローインを行うと、深部にある筋肉までしっかり鍛えることができるため、単純な動きながら効果は絶大。Tシャツの似合う締まった体を目指してトライしましょう！

「超回復の原理」で効率アップ！

筋肉の性質に合わせて1日おきのトレーニングを

トレーニングする上で気をつけたいのは、根を詰めて多くのメニューを実践してしまうこと。最初はとくに欲張ってしまいがちですが、実は避けたい行為でもあります。

筋肉を構成する筋繊維は、トレーニングを行うことで一度切れ、その後、同じレベルの負荷に耐えられるよう、さらに太く修復する性質があります。これが「超回復の原理」と呼ばれるものです。修復には24～72時間かかるため、同じパーツのトレーニングは毎日ではなく、1日おきに行うのがベストです。修復中の筋肉を刺激してしまうと、筋繊維が太くなるヒマがなくなり、効率的な筋肉づくりの妨げになってしまいます。

それでも毎日トレーニングをしたい、という人もいるかもしれません。それなら、腹筋集中トレーニングを行った翌日は上半身のトレーニングを行う、といった具合に、同じパーツを毎日鍛えないよう意識することが大切です。こうすれば「超回復の原理」を妨げずに運動を楽しむことができます。

1週間のスケジュール例

1種目

- 月→コア・ストレッチ＆ドローイン
- 火→腹筋トレーニング
- 水→上半身トレーニング
- 木→下半身トレーニング
- 金→コア・ストレッチ＆ドローイン
- 土→腹筋トレーニング
- 日→休息日

2種目

- 月→コア・ストレッチ＆ドローイン＋腹筋トレーニング
- 火→休息日
- 水→上半身トレーニング＋下半身トレーニング
- 木→休息日
- 金→コア・ストレッチ＆ドローイン＋腹筋トレーニング
- 土→休息日
- 日→上半身トレーニング＋下半身トレーニング

仰向けドローイン

内側から負荷をかけるため、
鍛えにくい体の深部にある筋肉まで
しっかり鍛えられるのが
ドローインの魅力です。

COUNT **3回**

TARGET **腹横筋《ふくおうきん》**

Supine Drawin

1 仰向けになり、ひざを立てる

2 ゆっくり息を吸い、お腹を膨ませる

Point

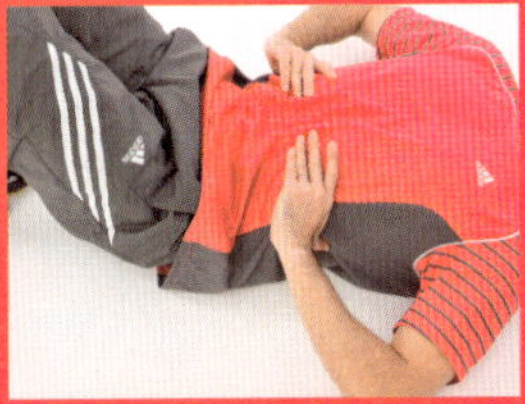

息を吐く際は、肋骨を背中側に落としこむイメージで

3 吸いきったら、両手を肋骨に軽く添え 10秒間かけて息を吐き、お腹を凹ませる

うつ伏せ
ドローイン

ポイントは、いかに重力に逆らって
お腹を腹筋で引き上げることができるか。
息を吐いた際、床とお腹の間に
すき間を作るようなつもりで行いましょう。

Prone Drawin

COUNT **3回**

TARGET **腹横筋《ふくおうきん》**

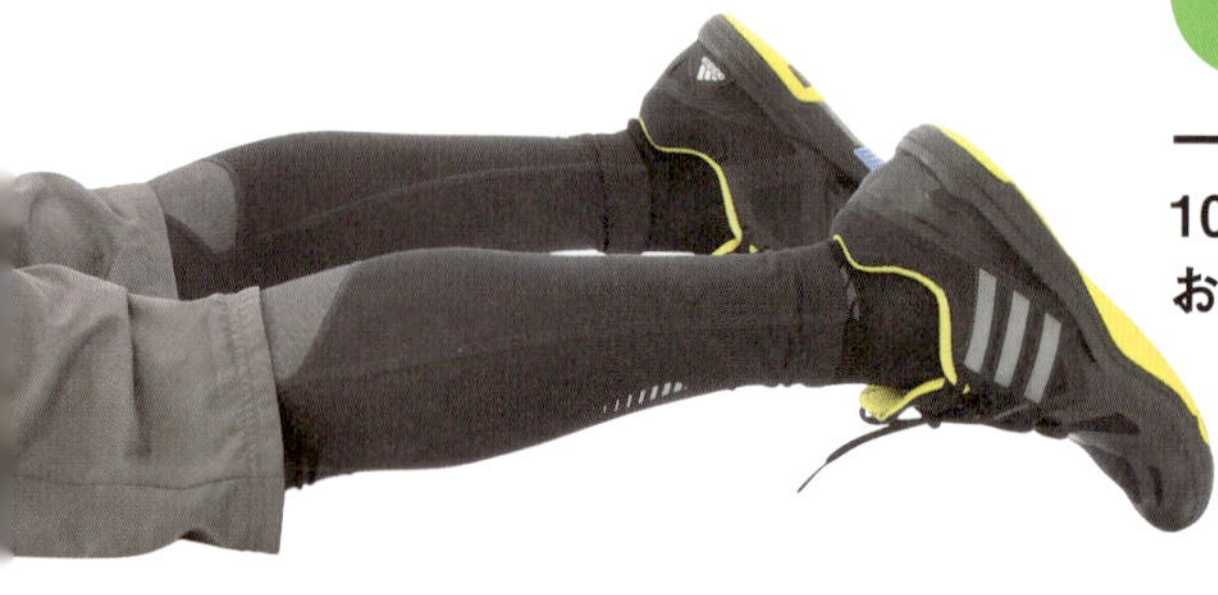

2

一度息を吸ったあと
10秒間でゆっくり吐きながら
お腹を凹ませる

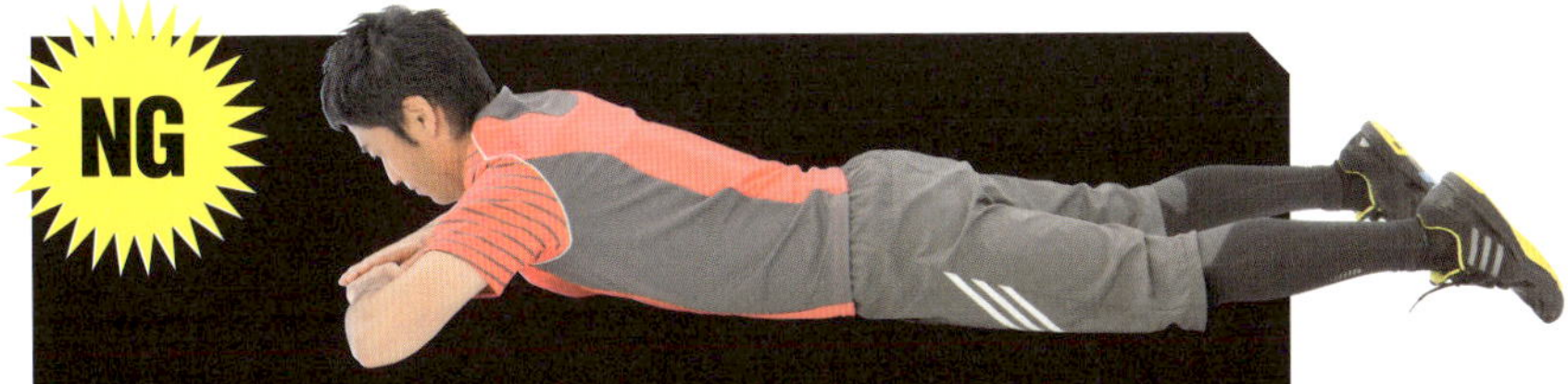

上体は動かさない

上半身を反らすのは×。お腹のみを動かすようにしよう

1

腕の上に顔を置き
うつ伏せの状態になる

四つんばい ドローイン

うつ伏せから四つんばいになることで
重心が上がり、難易度がさらにアップ。
腹筋のみを動かすように意識しながら
トライしてみましょう。

COUNT 3回

TARGET 腹横筋《ふくおうきん》

Getting on all fours Drawin

1 四つんばいになる

2 一度息を吸ったあと 10秒間でゆっくり吐きながらお腹を凹ませる

背中を丸めない

腹筋を引っ込める時に背中を丸めず、一直線の状態をキープしよう

直立→片足ドローイン

「立つ」「歩く」といった日常生活における姿勢に近い形のドローイン。マスターできれば、いつもお腹を引き締めた状態をキープできます。

1

姿勢を正して立つ。
一度鼻から
息を吸ったあと
10秒間で
ゆっくり口から
吐きながら
お腹を凹ませる

COUNT 左右×5回

TARGET 腹《ふく》横《おう》筋《きん》

Upright → One Leg Drawin

2

お腹を凹ませたまま
片足を上げる。
軸足は伸ばし、
ひざは直角に

腹筋を使わず
足を上げてしまう

腹筋に力を入れないと全身のバランスがとれず傾いてしまうので注意

体幹コラム vol.1

体幹トレーニングは未来の自分を救う

代償動作がロコモを呼ぶ

ふんぞり返って座ったり、お尻を振って歩いたり、立ち姿が猫背だったり――。気づかないうちに行うことが多いこれらの動作は「代償動作」と呼ばれます。体の痛みを伴わないせいか「無理にトレーニングして矯正しなくても」とやりすごす人もいるかもしれません。

しかし、その考えが「ロコモ」への道につながっていることは、意外と気づいていないもの。ロコモとは、運動器の障害や加齢などにより、骨や関節、筋肉のトラブルによって日常生活に支障が出る状態のこと。上記のような代償動作を何十年も続けていると、腰やひざなど必要以上に負担をかけている部分にトラブルがあらわれます。ときには、入院や手術が必要になる可能性も。加えて、人間の筋肉量は40歳をすぎると1歳年を取るごとに約1%ずつ減少していくことも忘れてはなりません。

衰えていく関節や筋肉を長持ちさせるためには、代償動作をやめて、必要でない部分に負担をかけすぎないこと。つまり、体幹を意識し、正しく体を使うことが大切となります。20年後、30年後をアクティブに過ごすためにも、今から体幹トレーニングを行うのが有効です。

ロコモって?

locomotive syndrome

メタボや認知症と並ぶ国民病といわれるロコモ。ロコモティブシンドローム（運動器症候群）の略で、関節や骨、筋肉など、体を動かすための器官にトラブルが起こり、日常生活に支障をきたしてしまうことをいいます。たとえば骨粗しょう症のために車いすを使う、関節痛で歩くのが不自由になる、というようなもの。寿命が長くなるに従い、関節や筋肉なども長期間使い続けることになるため、次第に衰え、トラブルが起こるのです。

こんな人はとくに注意!

- 階段の上り下りがしづらい
- 姿勢が悪いとよく言われる
- 腰痛に悩んでいる
- ひざに痛みを感じることがある
- 肩が上がりにくい状態にある

20～30代は本来、関節や筋肉の状態がベストな時期。この時期からすでに上のようなトラブルが出ている人は気をつけたいところ。

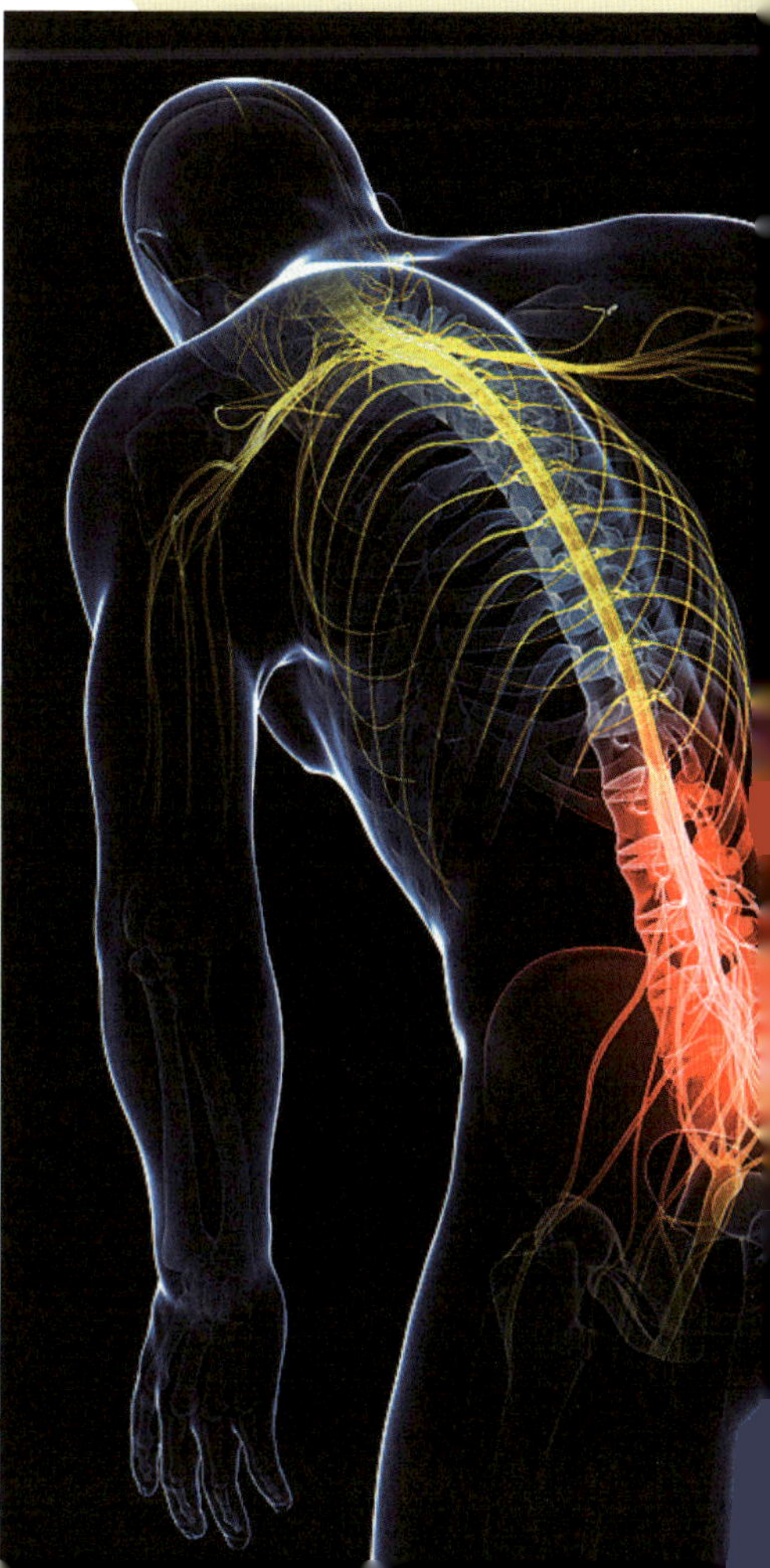

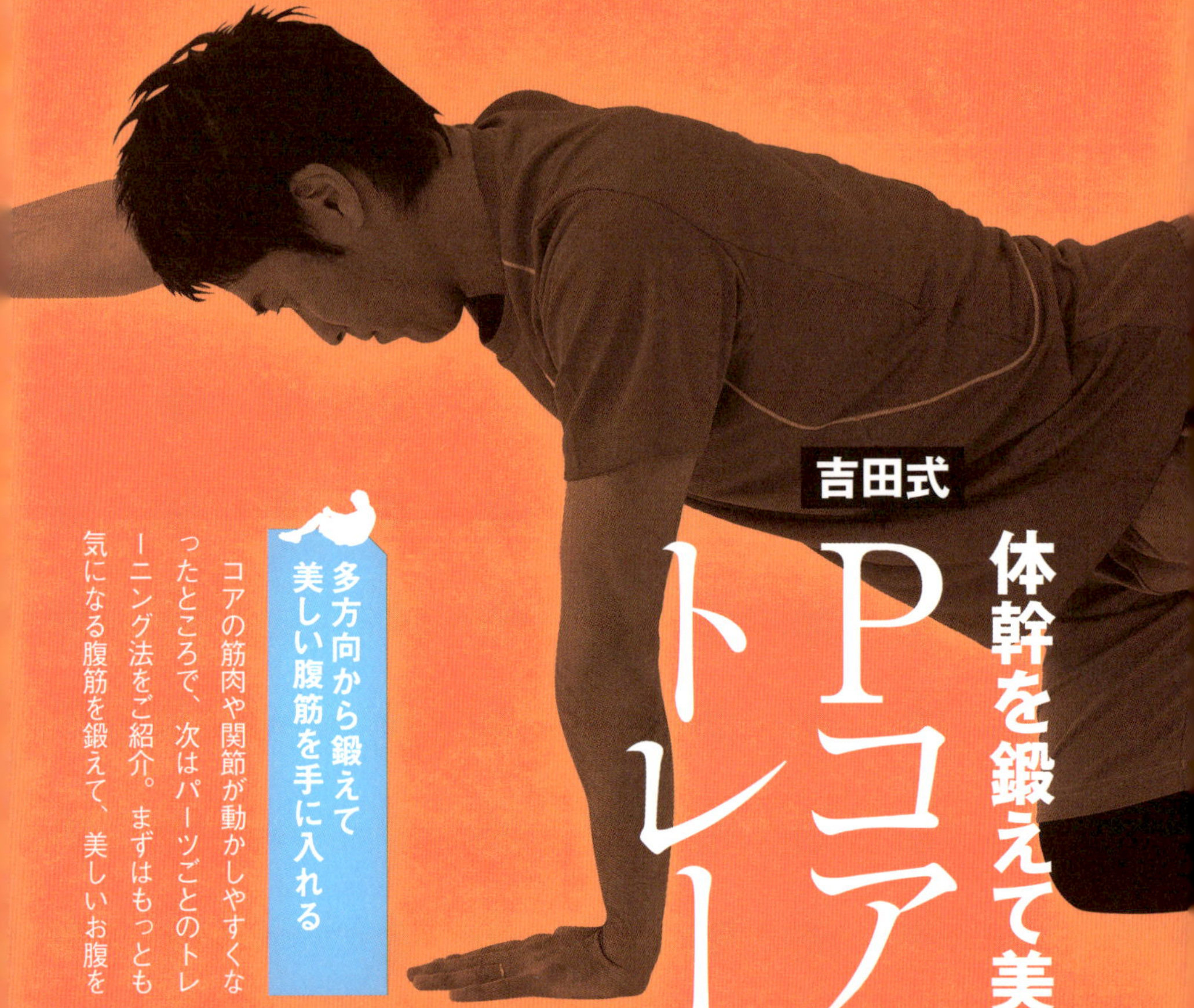

吉田式 体幹を鍛えて美しい腹筋に Pコアトレーニング

部位別強化 腹筋編

多方向から鍛えて美しい腹筋を手に入れる

コアの筋肉や関節が動かしやすくなったところで、次はパーツごとのトレーニング法をご紹介。まずはもっとも気になる腹筋を鍛えて、美しいお腹を手に入れましょう。

お腹の主な筋肉は、腹直筋、外腹斜筋、内腹斜筋、腹横筋。これらの筋力が落ちると内臓が重力で下がり、ぽっこりしたお腹になってしまいます。それを防ぐために、脇腹や背中、深部など多方向から鍛えましょう。

トレーニングを継続するコツ

具体的な目標を立て自分のルールをつくる

トレーニングスタート直後は十分なやる気があるものの、いつしかサボりぐせがつき、トレーニングを断念しそうになることもあるでしょう。

やる気を持続させるコツは、目的を明確にすること。「腹筋を割りたい」など、何のためにトレーニングするのかをはっきりさせ、それに向けて自分のルールをつくりましょう。はじめから無理だとわかる目標は立てないこと。少しの努力で継続できることを目標に設定し、失敗した場合は同じ失敗をしない努力もしてみましょう。

トレーニングを継続させる3つのポイント

1
トレーニングの目的をはっきりさせる

何のために体幹トレーニングをするのかを考え、最終的なゴール地点を定めよう。目標をノートに書き出したり、目にみえるところに貼ったりするのも効果的だ。

2
少しだけ背伸びした目標を定める

はじめから絶対にできないとわかる目標は立てないこと。無理しすぎることなく、少しの心がけと努力で継続できることは何かを考え、それを目標に設定しよう。

3
今までの失敗を振り返り原因を考える

今の自分の姿が理想の自分とかけ離れているなら、どうしてそうなってしまったのか、原因を考えよう。そして自分の悪い習慣を反省し、ひとつずつ潰していく努力をしよう。

P core training

スロークランチ

シャープで〝魅せる〟お腹を演出する
腹直筋上部を鍛える種目。
腹直筋は衰えやすいので、
意識的にトレーニングをしましょう。

Slow Crunch

COUNT 10回

TARGET 腹直筋《ふくちょくきん》

1 仰向けの姿勢から両ひざをくっつけて立てる。
ひざは直角にして両手を組んで伸ばす

2 腹筋に力を入れ
下半身を固定した状態で
上体を起こす。
体を丸めおへそを
のぞき込むように
しながら5秒間
かけて行う

3 再び上半身を床に倒す。腹筋を使い、5秒間かけながら少しずつ背中が床に触れるようにする

反動で起き上がらない

③の時、足を動かした反動で起き上がらないようにする

上体を反らさない

上体を反らしたまま行うと、腹直筋に負荷がかからないうえ、腰痛の原因になることも

サイドブリッジ Side Bridge

腹斜筋と、その内側にある腹横筋に効くトレーニング。
体幹の安定性が高まるうえ、ウエストをシャープにする効果も期待できます。

COUNT 左右 **30秒**

TARGET **腹横筋《ふくおうきん》**

1 横に体を倒した状態から
右腕で上半身を持ち上げ
左手は腰に置く。
この時、下側の体幹側面の筋肉に力を入れ
全身がまっすぐになるようにする。左側も同様に

ビギナーはこうする

体がぶれてしまいうまくいかない人は、ひざを床につけ、直角に曲げて同様に行う

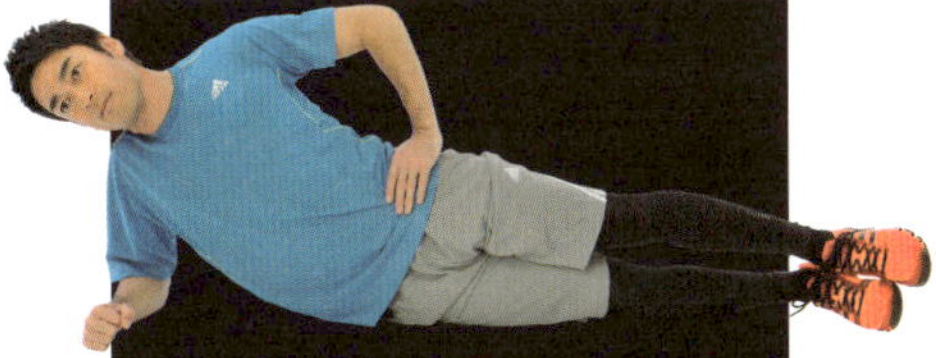

腰を床につけない

腰をつけてしまうと、せっかくの効果も半減。つらい人はひざを床につけて行おう

側面をくの字に曲げない

体を一直線にすることに集中しすぎるあまり、側面のラインが曲がることもあるので注意

NG

上から見ると……

お腹とお尻の筋肉にしっかり力を入れ体のラインが一直線に保つよう意識する

1アームフロントブリッジ

片手を上げる体勢により、腹直筋、脊柱起立筋といった筋肉を鍛えるとともに体幹部の正しい使い方を習得できる種目です。

1 Arm Front Bridge

COUNT 左右 5秒×3回

TARGET 腹直筋《ふくちょくきん》

1 うつ伏せの姿勢から
両ひじとつま先を立て
腹筋に力を入れて
全身を一直線にする

2 左手を前方に伸ばす。
この時、体がぶれないよう
体幹を意識しながらバランスをとる

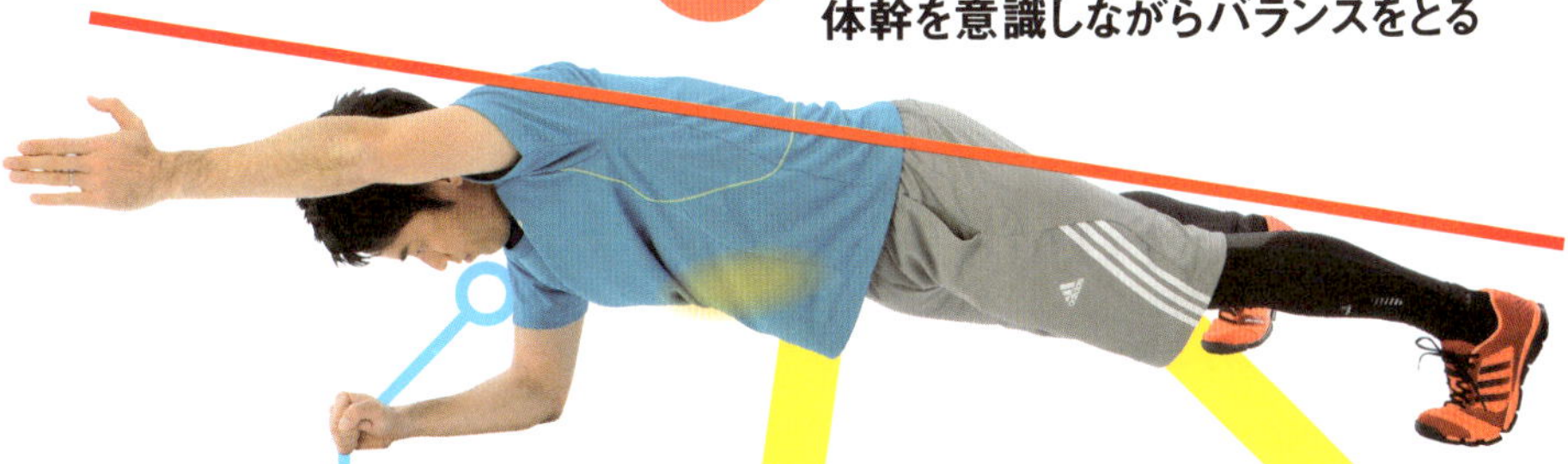

Point

両肩のラインが水平になるようにキープする

上体を傾けない

お腹の筋肉がうまく使われないと、上体のバランスがとれず左右に傾いてしまう。全身がまっすぐになっているかどうかを意識しよう

3 左右の手を入れ替え
同様に行う

ドローイン ダイアゴナル

Draw in Diagonal

ドローインにより腹筋を鍛えるのはもちろん、 手と足を上げて伸ばすことで
体幹のバランスを高めてくれるトレーニングです。

COUNT 左右×5回 | TARGET 体幹のバランス

1 四つんばいの姿勢をとり
息を吸い、 お腹を膨らます

2 息を吐きながら右肘と左ひざをお腹側に引きつける

3 息を吐ききり、 お腹を凹ませながら引きつけた手足を床と平行になるように伸ばす。①の姿勢に戻り、 逆も同様に行う

NG

手足を上げすぎない

体幹がぶれてしまうので手足は上げすぎず平行の位置をキープ

PART5

吉田式 体幹強化でメリハリを Pコアトレーニング

部位別強化 上半身編

バランスのとれた美しい上半身に

ほどよい筋肉がついたシャープでハリのある胸もと、たくましく引き締まった背中——。上半身は、鍛えぬかれた体の象徴とも言える部位。ですが、普段の生活では使われにくいため、ぜい肉がつきやすい部分でもあります。

ここでは体幹を鍛えながら上半身を集中的にトレーニング。バランスのとれたメリハリある美しいボディを目指しましょう。

トレーニングは1日のうちでいつ行うのが効果的?

P core training

1日の始まりの朝がおすすめ

トレーニングを行うのに特におすすめなのは、朝の時間帯。普段あまり使っていない筋肉を1日の活動前にしっかり動かすことで、終日筋肉が稼働しやすい状態となり、体が正しい動きを覚えやすくなるからです。そのうえ、代謝が上がって脂肪を燃焼しやすい体になるというメリットも。

また、夜トレーニングを行った場合は寝ている間に筋肉がつき、より引き締まった体に近づくことができます。

朝行うのも夜行うのもそれぞれメリットはありますが、何より大切なのは自分の生活スタイルの中で継続しやすい時間帯に行うことです。自分の生活リズムに合わせ、ストレスなく続けることが一番のポイントです。

ニーベント プッシュアップ

Knee bent Push up

大胸筋を鍛える種目。体幹上部を安定させるとともに
シャープでたくましい胸板に。肩甲骨の正しい使い方も覚えたいところ。

COUNT **10回** ｜ TARGET **大胸筋《だいきょうきん》**

1 両ひざを床につけた状態で
腕立て伏せの姿勢をとる。
上半身からひざまでが
まっすぐになっていることを
意識しながら行う

2 肘を曲げ
ゆっくり上体を下げる

3 肘を伸ばし、
再び上半身を起こす。
①〜③を5秒間かけて行う。
体は一直線の状態をキープ

NG

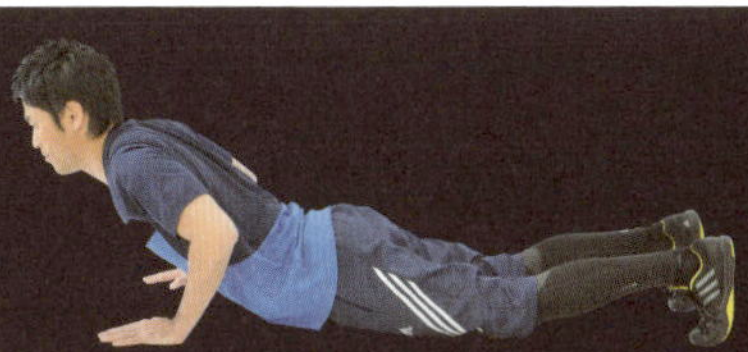

お腹を床につけない

腹筋にしっかり力が入っていないとお腹が床についてしまいがち。上半身からひざまでは常に一定にキープしよう

背筋を曲げない

背中が曲がっていると、腰の位置が上がってしまいお腹に力を入れにくくなる

ニーベントチェストアラウンド

腕を使って全身を大きく動かすことで、肩甲骨周りの関節の可動域が広がるうえ胸筋や腹筋も鍛えることができます。

Knee bent chest around

COUNT **40秒**

TARGET **体幹の安定性**

1 ひざをついた腕立て伏せの姿勢をとる

2 肘を曲げ
ゆっくり上体を下げる

上体を上げすぎない

腕を使って動く際、上体を上げすぎると
ブレやすくなるので注意

3 再び反時計回りに
90度動き
①の位置に戻る

W,L

とくに肩甲骨の可動性を高めてくれる運動。
体幹部分を正しく使うことにもつながるので、しっかりトレーニングしましょう。

COUNT **10回** | TARGET **菱形筋《りょうけいきん》**

W,L

1 立った状態で両足を
肩幅ほど開き
ひざをかるく曲げて
上半身を倒す。
胸の前で両腕をそろえる

2 両腕を真横に動かす。背中と腕でWの字を作るようなイメージで

Point

肩甲骨を引き寄せるように動かすのがコツ。後ろから見た時、Wの字になるようにイメージする

3 そのまま両わきをしめる。背中と腕でLの字を2つ作るようなイメージで

フロアY・T

Floor Y・T

腹筋を鍛えるのはもちろん、手と足を上げて伸ばすことで体幹のバランスを高められるトレーニングとなっています。

COUNT **5回** | TARGET **肩甲骨の可動域**

1 うつ伏せの状態で両手を斜め前に伸ばす。
全身でYの字を作るようなイメージで

2 肩甲骨を意識しながら両手を持ち上げる。
3秒間キープし、下ろす

3 両手を横に伸ばし、腰、胸、おでこを床につける。全身でTの字を作るようなイメージで

4 そのまま肩甲骨を寄せるように両手を持ち上げる。3秒間キープし、下ろす

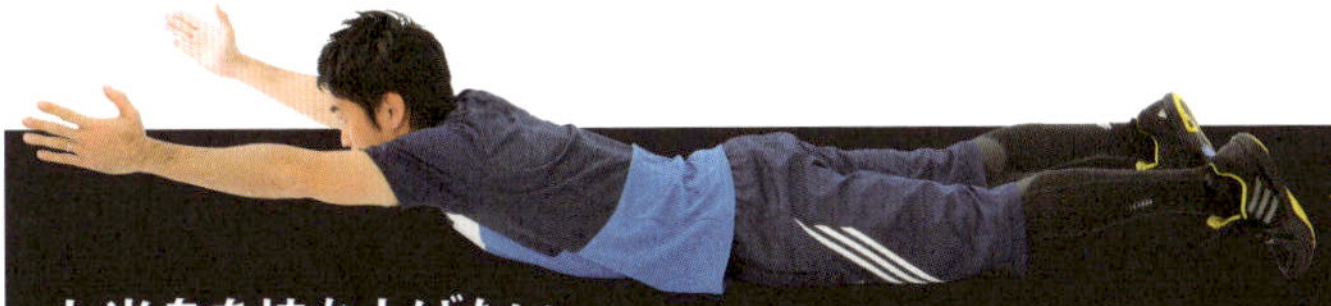

NG

上半身を持ち上げない

手を上げる際に、一緒に上体を持ち上げてしまいがち。胸は床から離さないように気をつけよう

フォーポイントアームプッシュ

Four point Arm Push

床を押しながら背中を丸める動きにより、肩甲骨周りを開いて柔軟性を高め
全身のバランス力を上げる種目です。

COUNT **10回** ｜ TARGET **肩甲骨周り**

1 四つんばいの姿勢をとる。
背筋をまっすぐにし
両手、両ひざで床を押す

Point

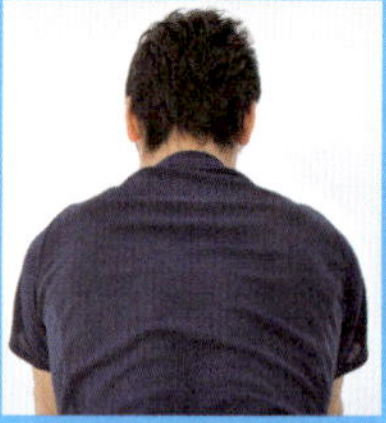

手で床を押すように、
しっかり力を入れる
ことで肩甲骨を開く
ことができる

2 首を伸ばした状態をキープしながら肩を下げ背中を丸めて2秒間キープ

NG

肩をすくませない

背中を丸める時、肩をすくませないよう注意

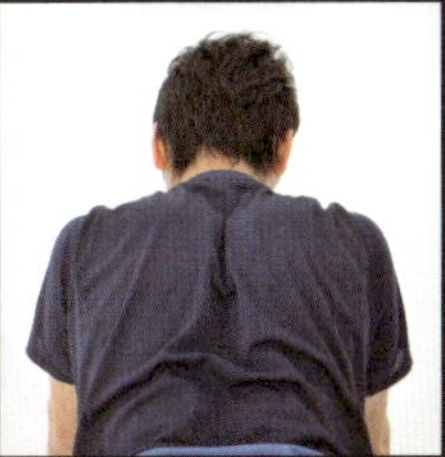

肩甲骨を寄せない

肩甲骨周りを伸ばす動きのため、肩甲骨は寄せないようにする

シ ョ ル ダ ー ロ ー テ ー シ ョ ン

肩甲骨を複雑に動かし
可動域を広げるためのトレーニング。
体幹の安定性も養うことができます。

COUNT 10回

TARGET 肩甲骨周り

Shoulder Rotation

1 中腰の姿勢をとり
上半身を倒して腕を前に伸ばす。
手のひらは外側に向け
上半身から指先にかけて
まっすぐの状態に

Point

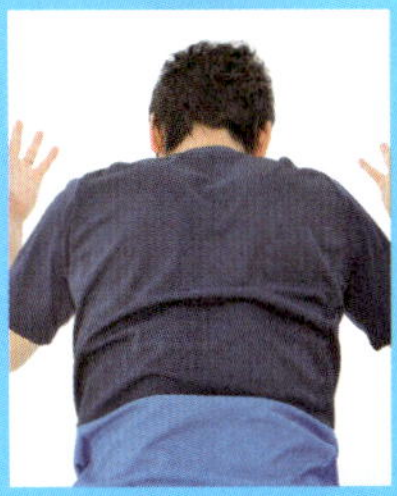

肩甲骨の動きを意識しながら腕をひねるとよい

2 両腕を内側にひねりながら後ろに引き寄せる

3 さらにひねりながら引き寄せる。①～③を2秒間かけて行う

Point

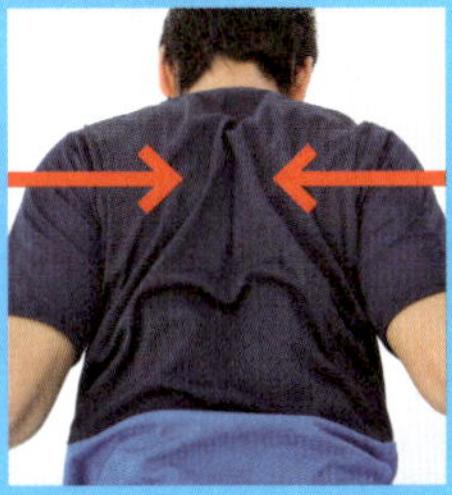

腕の動きとともに肩甲骨をしっかり寄せる

PART6

吉田式 Pコアトレーニング

体幹強化で引き締める

部位別強化 下半身編

正しいラインの下半身をつくる

引き締まった下半身を手に入れるには、お尻の筋肉を強化することが重要です。

お尻をうまく使えないと、代わりに太ももやふくらはぎの筋肉で補う「代償動作」を行ってしまうため、つけたくない部分に筋肉がついてしまいます。太ももやふくらはぎばかりが太くなってしまうという人はこれが原因となっているかも。

ここではお尻を中心に体幹を鍛え、本来あるべき正しいラインの下半身を手に入れましょう。

トレーニング後は「交代浴」で疲れをとろう

お湯と水に交互に触れて疲労物質をとりのぞく

トレーニングを行って疲労しきった体にうってつけなのが「交代浴」です。これは入浴時、30度ほど温度差のあるお湯と水に交互に触れることで血管を収縮させ、たまった疲労物質をとりのぞく方法。熱を体内に閉じ込めることができるため、冷え性にも効果的です。むくみを解消する効果もあるので、トレーニング後はもちろんのこと、歩き疲れた日に行うのもよいでしょう。

交代浴

Step1と2を交互に3回ほど繰り返す

Step1 湯船に3分間つかる

↓↑

Step2 水シャワーを1分間浴びる

P core training

インバーテッドキープ

片足を一直線に伸ばす動きが、
太ももの裏側の筋肉にダイレクトに効きます。
全身のバランスを片足でとることで、
体幹の安定性もアップ。

Inverted Keep

COUNT 左右×5秒

TARGET ハムストリングス
大臀筋《だいでんきん》

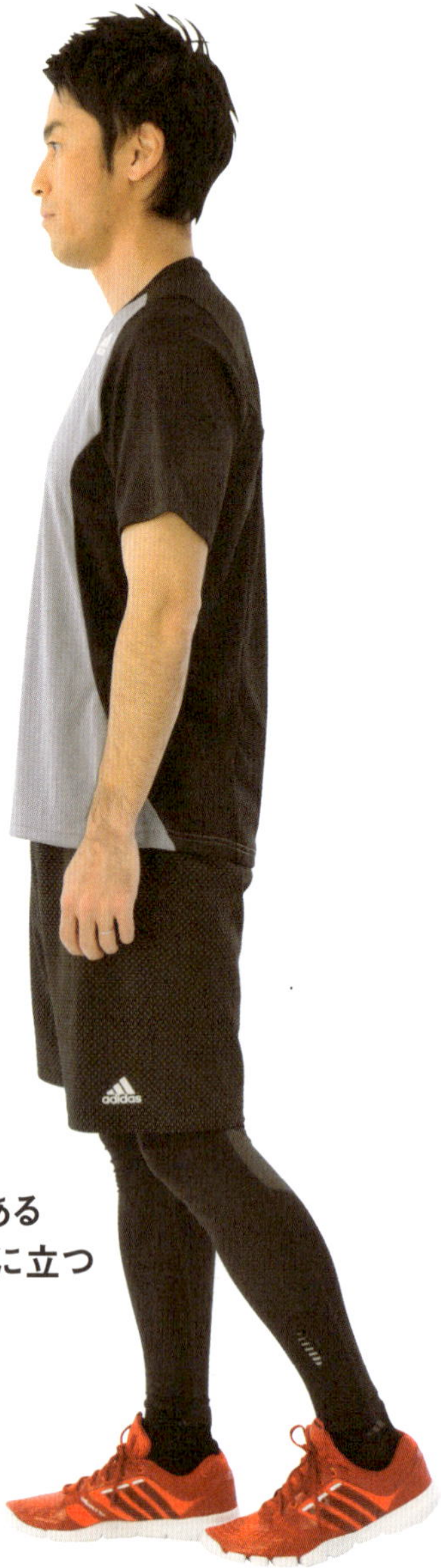

1 背もたれのある椅子の後ろに立つ

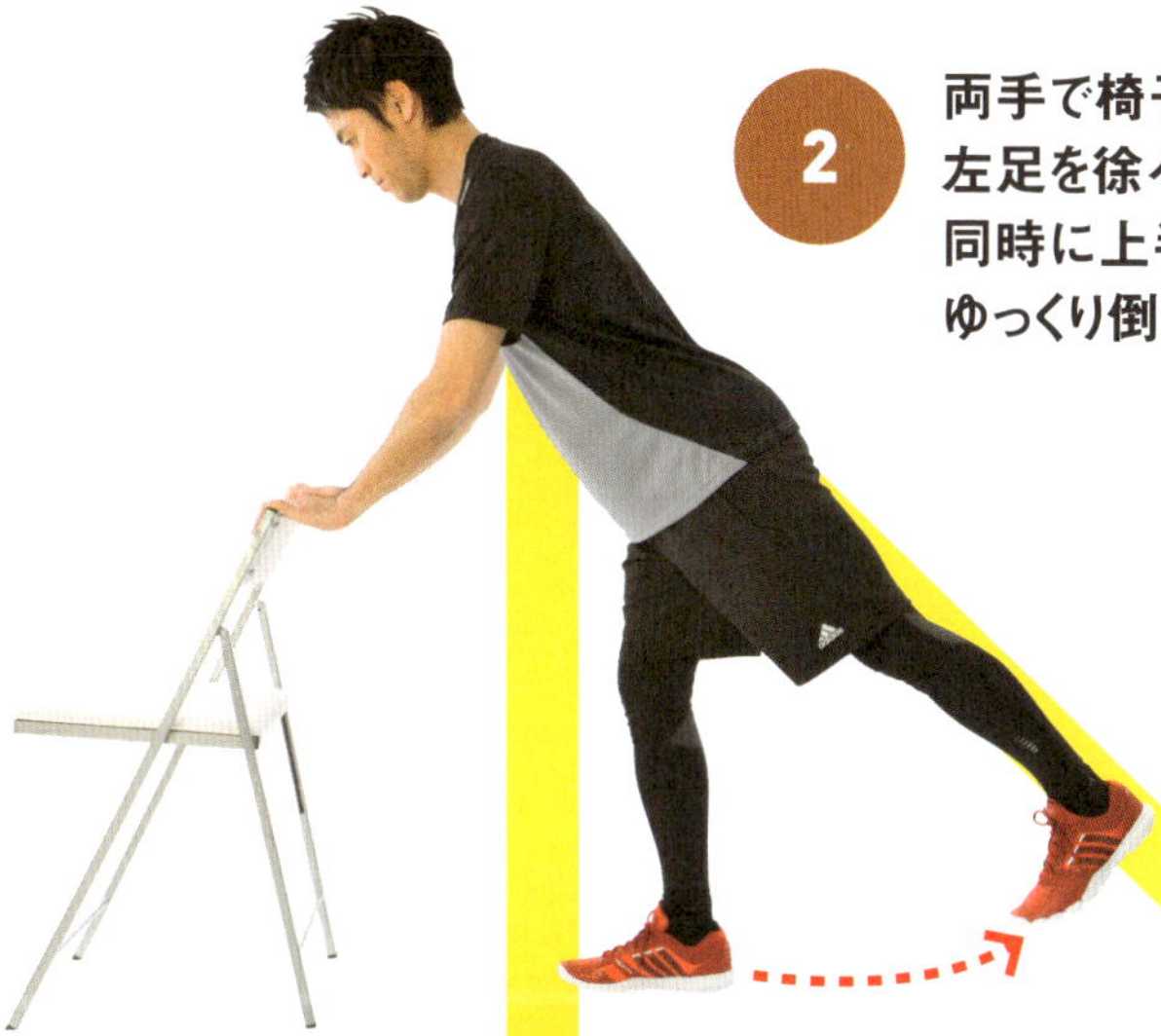

2 両手で椅子の背をつかみ
左足を徐々に上げる。
同時に上半身を
ゆっくり倒す

3 上げた足が床と平行と
なるまで上げる。
頭からかかとまで
一直線になったら
そのまま30秒間キープ。
右足も同様に

NG

ひざを曲げない

体を傾ける時はひざを曲げないように

上体を下げすぎない

平行を意識するあまり上体を下げすぎるのも×

ヒップリフト

Hip Lift

腰を持ち上げる時は、太ももではなく大臀筋の力で引き上げるよう意識するのがコツ。
デニムの似合う締まったヒップラインを目指しましょう。

COUNT **5回**

TARGET **大臀筋《だいでんきん》**

1 仰向けになり、ひざを立てる

2 肩甲骨からひざまで
一直線になるまで腰を上げる。
下ろす時体を床につける
手前で止め腹筋、
お尻の筋肉に力を
入れたまま上下させる。
この動きを5回繰り返す

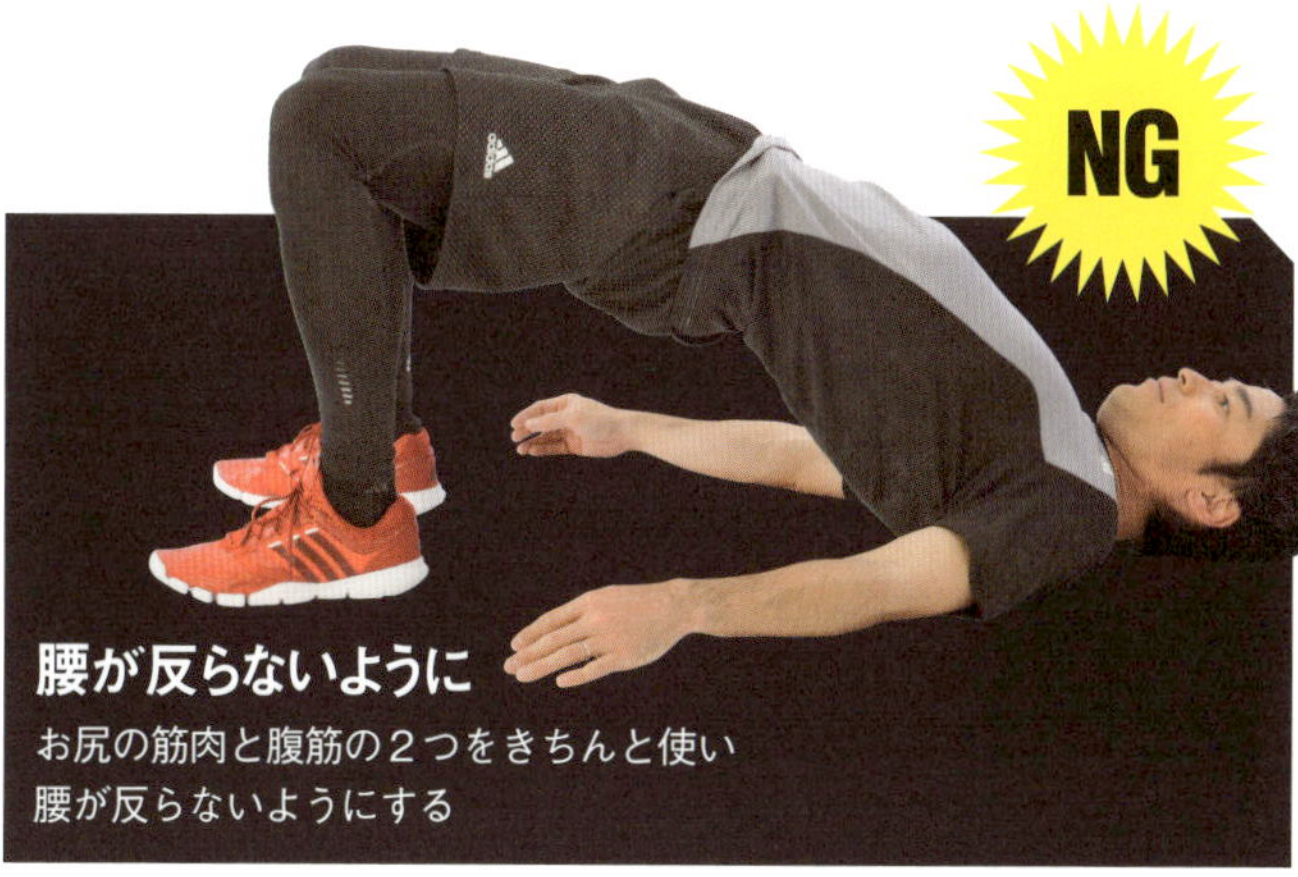

腰が反らないように

お尻の筋肉と腹筋の２つをきちんと使い
腰が反らないようにする

ヒール・トゥ・バット

伸び上がる力を活かし、
太もも前面の大腿四頭筋を鍛える種目。
片足で体の中心軸がぶれないよう意識することで、
体幹＆バランス力も強化できます。

Heel toe Butt

COUNT 左右 5回

TARGET 大《だい》腿《たい》四《し》頭《とう》筋《きん》

1. 立った状態で右ひざを曲げ
右手で足の甲を持つ。
軸となる左足がぶれないよう
体幹でバランスをとる

2 軸となる左足を曲げ
重心を真下に落とす。
この時、右ひざが
前につきでないように。
左腕も曲げる

3 勢いよく左足を伸ばし
全身がまっすぐになるよう伸び上がる。
この時、右足の甲をお尻側に引き
太もも前面の筋肉を伸ばす。
これを左右行う

バックランジ

Back Lunge

難易度は高いながらも、わき腹の腹斜筋、股関節まわりの大臀筋
太もものつけ根にある腸腰筋の3つを複合的にトレーニングできます。

COUNT 左右×5回

TARGET 大臀筋《だいでんきん》 腸腰筋《ちょうようきん》 腹斜筋《ふくしゃきん》

2 左手を右足のかかとに
向けて伸ばしながら
全身を左下側に向かってねじる

1 立った状態から
右足を大きく後ろに
踏み込み重心を下げて
右腕を上げる

3 いったん右足を戻して
直立の姿勢に戻ったあと
左足を大きく後ろに踏み込み
左腕を上げる

4 ②と同様全身を
右下側に向けてねじる

NG

体を傾けない

全身をねじる時、体を傾けてしまうとひねりが小さくなる

ルーマニアンデッドリフト

Romanian Dead Lift

太もも裏側の筋肉・ハムストリングスはひざを曲げたり、太ももを後ろに動かす時に使われる筋肉。鍛えることで足さばきにキレが生まれます。

COUNT **10回**

TARGET **ハムストリングス 大臀筋《だいでんきん》**

1 直立した状態で
両腕を頭の後ろで組む

2

背筋を伸ばし
ひざをかるく曲げた状態で
太もも裏に力を入れ
上半身をゆっくり倒す。
そのあとゆっくり起こす

NG

背中を丸めない

上半身を倒す時に背中を丸めてしまうと効果が半減するので注意

Point

体を倒す時は股関節から曲げるよう意識しながら、お尻を後ろに引くイメージで行う

体幹コラム vol.2

正しいトレーニングの共通ルール
トレーニングの基本7原則

効果的なトレーニングの共通ルールとは

体幹トレーニングに限らず、効果的なトレーニングには共通して組み込まれる「7つの原則」があります。

　本書のトレーニングにも、もちろんこの原則が組み込まれています。「全面性の原則」をふまえて全身をバランスよく鍛えたり、「特異性の原則」をふまえた目的別のトレーニングを行えるようになっていたり……。改めてこの7原則を確認し、体幹トレーニングへの理解をより深めてトレーニングに臨みましょう。

過負荷の原則

少しずつ負荷を上げよう

人間には適応能力があるため、同じ負荷をかけていてもトレーニングを続けていくうちに体が負荷に慣れ、トレーニング効果が出にくくなります。あえて負荷を増やしていくことでトレーニング効果がアップします。

漸進《せんしん》性の原則

段階的に進めよう

トレーニングの質と量は、少しずつ増やしていくことで、体に適度な負荷を課して効果を出していきます。急激な負荷の増大はケガの原因になるので、注意が必要です。

全面性の原則

バランスよく全体的に

トレーニングはバランスよく行いましょう。筋力、持久力、瞬発力、敏捷性、平行性、柔軟性といったさまざまな要素をまんべんなく鍛えらる、偏りのないトレーニングが理想的です。

特異性の原則

目的に着目しよう

短距離ランナーが持久走の練習を繰り返し行っても意味がないように、目的によって必要なトレーニングの内容は変わります。その競技の種目特異性や目的に合ったトレーニング内容を考慮する必要があります。

個別性の原則

自分に合った方法で

効果を最大限に引き出すためには、自分に合ったトレーニング内容を考慮する必要があります。集団でトレーニングする際でも、個人の能力や体力、目的に合わせたプログラムを組みましょう。

反復性の原則

繰り返し行おう

トレーニングの効果は1回で得られるという即効性のものではありません。適度な間隔で繰り返し反復し、一定期間継続することによって初めて得られるもの。少ない頻度でも長期間続けることが重要です。

意識性の原則

目的を認識しよう

トレーニングや練習を行う際には、「なぜトレーニングをするのか」「どこを鍛えているのか」といった目的や目標意識をもって行うことが重要です。視覚的に筋肉を見ながら行うのも効果的。

PART7

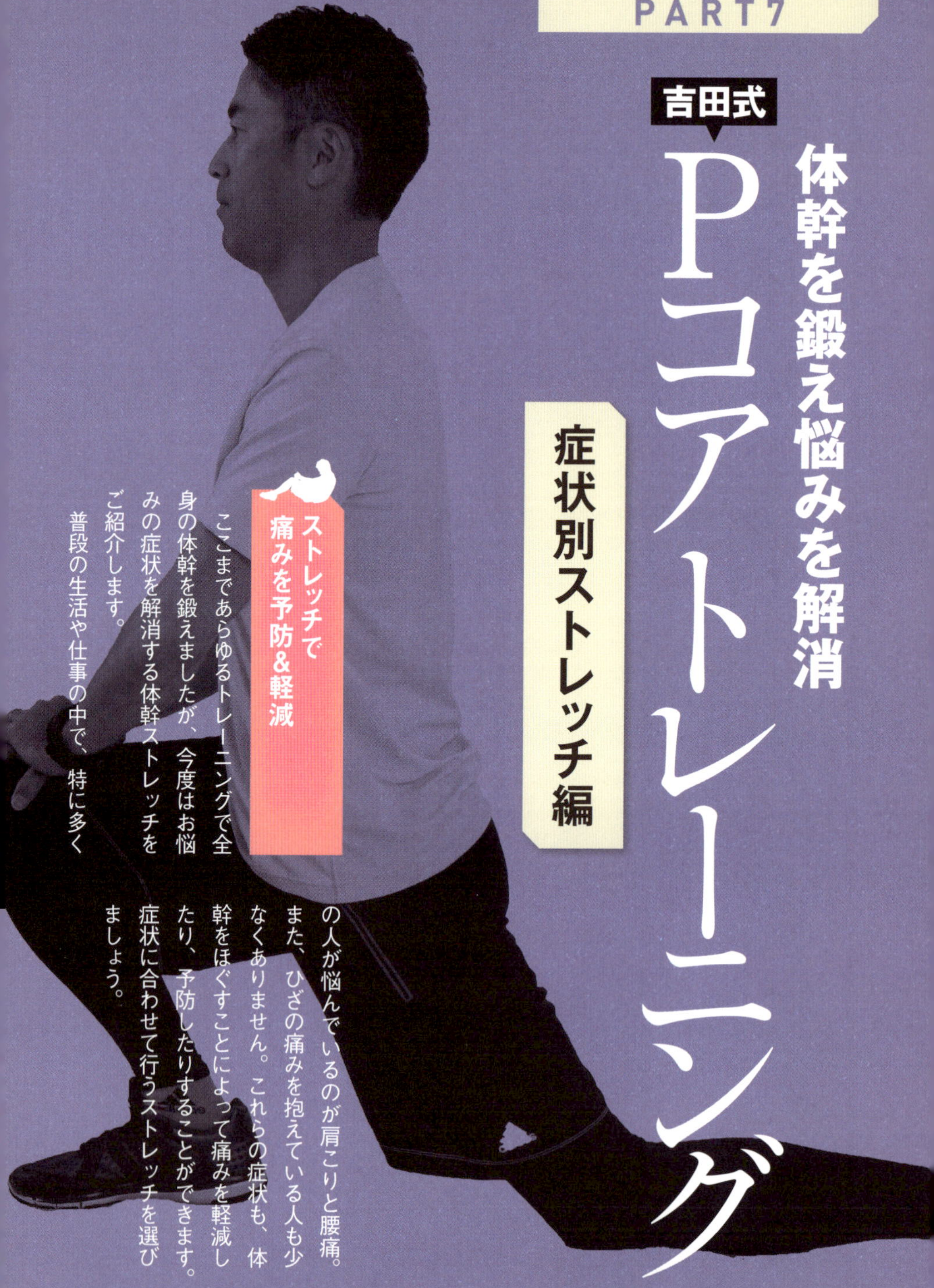

吉田式 Pコアトレーニング

体幹を鍛え悩みを解消

症状別ストレッチ編

ストレッチで痛みを予防&軽減

ここまであらゆるトレーニングで全身の体幹を鍛えましたが、今度はお悩みの症状を解消する体幹ストレッチをご紹介します。

普段の生活や仕事の中で、特に多くの人が悩んでいるのが肩こりと腰痛。また、ひざの痛みを抱えている人も少なくありません。これらの症状も、体幹をほぐすことによって痛みを軽減したり、予防したりすることができます。症状に合わせて行うストレッチを選びましょう。

睡眠リズムを整え
トレーニングを習慣化

機能的な体をつくる生活の基本

引き締まった体をつくるには、規則正しい生活を送ることも欠かせません。

基本的なことではありますが、起きる時間と寝る時間を決めることはとても重要。毎日のスケジュールにトレーニングを組み込みやすくなり、習慣にしやすくなるからです。睡眠のリズムが乱れると、トレーニングや仕事の疲れがたまりやすくなり、トレーニングを習慣化しにくくなってしまいます。これでは悪循環です。

加えて、睡眠時間を設定するときは、浅い眠りと深い眠りのサイクルを考慮しましょう。2つの眠りは1.5時間ずつ繰り返すため、6時間もしくは7.5時間くらいの睡眠時間を設定するとよいでしょう。

肩こり解消①

90/90ストレッチ

Ninety/nienty Stretch

下半身は固定したまま上半身を大きく動かすストレッチ。胸を開き、胸筋と腹斜筋を伸ばして肩こりを解消しましょう。

COUNT 左右 5秒×5回

TARGET 大胸筋《だいきょうきん》 腹斜筋《ふくしゃきん》

Point

体を倒す方と反対側の足を上にして組む

1 足を組み体を横に倒して両手を重ね前に伸ばす

2 上半身だけひねって
片腕を大きく開く

NG

肩を浮かせない

腕を開いた時、両方の肩を床にしっかりと付ける。肩が浮かないように注意しよう

肩こり解消②

ネックストレッチ

立ったままや座ったままでもできるストレッチ。あごから肩にかけてを伸ばすことで肩こり解消の効果があります。

COUNT　左右
10秒×3回

TARGET　**僧帽筋《そうぼうきん》**

Neck Stretch

1　片方の手を頭に添える

Point

反対側の手は背中に回し、手の甲を背中に当てる。そうすることで一緒に肩が動いていかないようにする

2 あごを引いた状態で
首を傾け、
軽く引っ張るように
伸ばす

NG

肩を上げない

あごを倒した時、倒した側と反対の肩が上がってしまわないよう注意しよう

腰痛解消①

イリオソウアスストレッチ

Iliopsoas Stretch

太ももの付け根の下腹深部にある腸腰筋を伸ばす種目。骨盤の安定性を高め、股関節の可動域を広げることで腰痛を軽減します。

COUNT 左右 **10秒×3回**

TARGET **腸《ちょう》腰《よう》筋《きん》**

1 片ひざの体で骨盤をまっすぐに立てる

Point

重心を移動するときは、後ろ足側のお尻に力を入れて姿勢を正し、上体をまっすぐにする

2 骨盤を立てたまま重心を前方に移動。股関節の付け根を伸ばす

NG

腰を丸めない

腰が丸まって上体が前傾すると、腸腰筋がしっかり伸ばせなくなるので注意

腰を反らない

上体が後ろに残って反り返ってしまわないよう、意識しよう

腰痛解消②

ヒップストレッチ

Hip Stretch

お尻の筋肉をほぐし
股関節の可動域を広げることで
腰痛を解消するストレッチ。
寝転がったまま気軽に行うことができます。

COUNT 左右 10秒×3回

TARGET 大臀筋《だいでんきん》

1 仰向けになり
片方のひざを抱える

Point

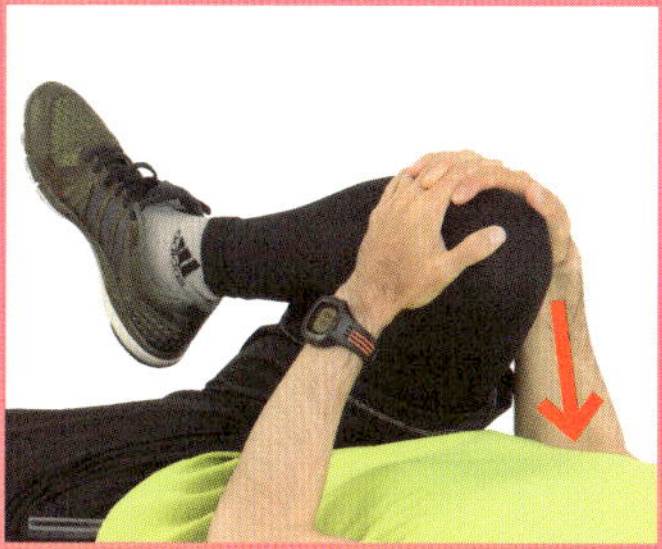

ひざと胸の間がなるべく空かないように、できるだけ胸に引きつける

2 そのままひざを胸に引きつけお尻を伸ばす

NG

反対側の足を浮かせない

抱えた足と反対側の足が曲がり、床から浮いてしまうと、ストレッチの効果が半減してしまうので注意しよう

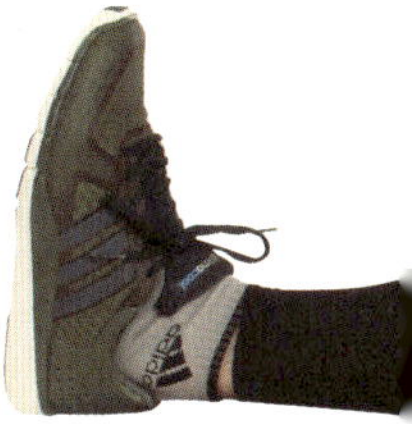

ひざ痛解消

クアドストレッチ

Quad Stretch

COUNT
左右
10秒×3回

TARGET
大《だい》腿《たい》四《し》頭《とう》筋《きん》

大腿四頭筋が硬くなると
ひざの痛みの原因に。
しっかりと伸ばすことで
ひざ痛の予防と改善につながります。

1 四つんばいになり、
右手で左足のつま先をつかむ

2 足を引き寄せてから、重心を前方に移動させる

Point

足はしっかりとお尻に引き寄せ、かかととお尻が離れないように。太ももの前面を伸ばすイメージで

背中を丸めない

背中が丸まったり、足とお尻が離れたりしてしまうと、効果が期待できない

NG

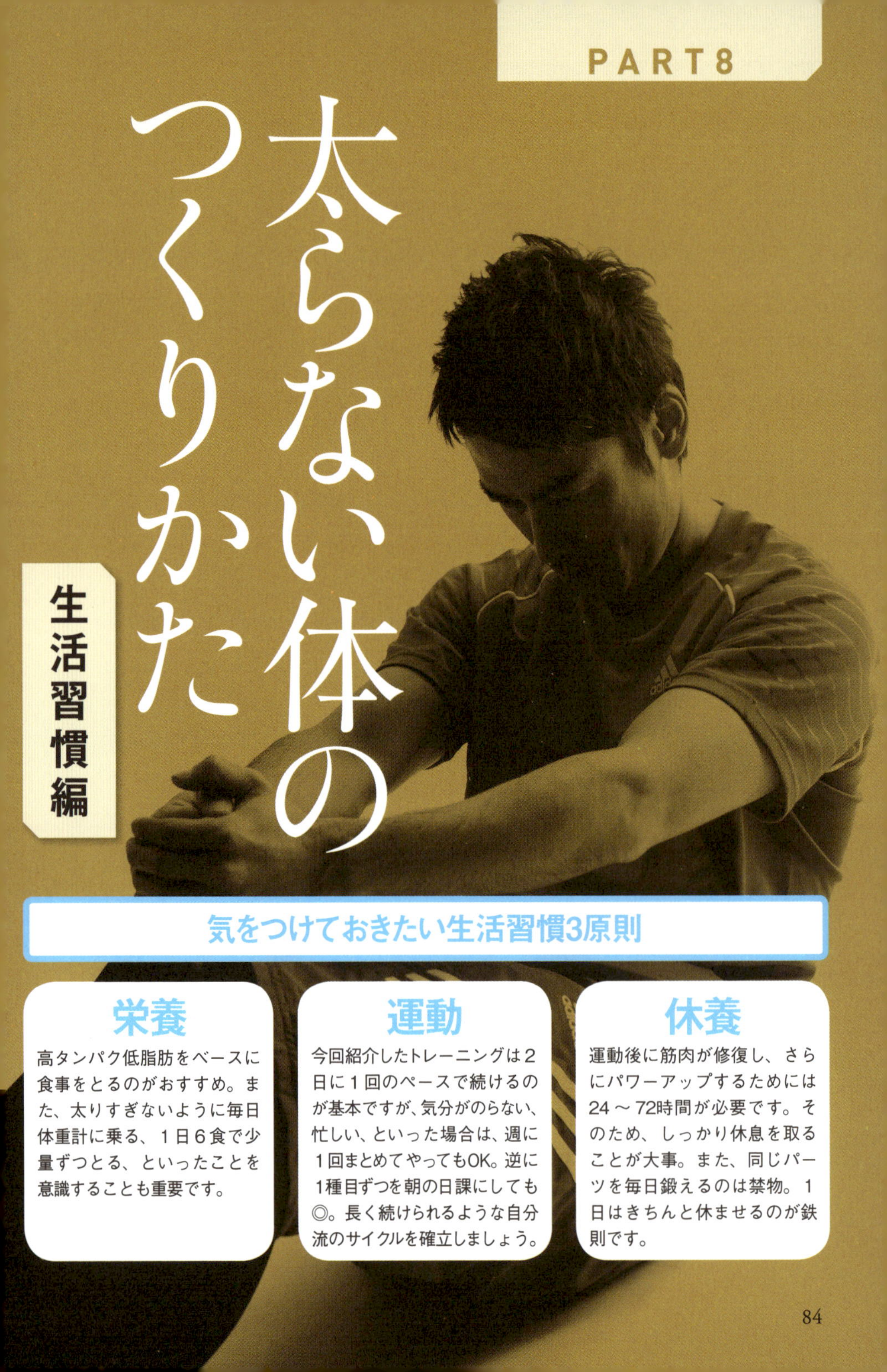

PART8

太らない体のつくりかた

生活習慣編

気をつけておきたい生活習慣3原則

栄養

高タンパク低脂肪をベースに食事をとるのがおすすめ。また、太りすぎないように毎日体重計に乗る、1日6食で少量ずつとる、といったことを意識することも重要です。

運動

今回紹介したトレーニングは2日に1回のペースで続けるのが基本ですが、気分がのらない、忙しい、といった場合は、週に1回まとめてやってもOK。逆に1種目ずつを朝の日課にしても◎。長く続けられるような自分流のサイクルを確立しましょう。

休養

運動後に筋肉が修復し、さらにパワーアップするためには24～72時間が必要です。そのため、しっかり休息を取ることが大事。また、同じパーツを毎日鍛えるのは禁物。1日はきちんと休ませるのが鉄則です。

P core training

生活へのトレーニングの組み込みかた

トレーニングのある生活を楽しもう

運動とは無縁の生活から一念発起してトレーニングを始めた人が陥りがちなのが、結果を急ぐあまり、あれもこれもとよくばりすぎて、結果、運動を諦めてしまうというパターン。

長い期間をかけてついた体のクセは、そう簡単に変わるものではありません。ならば長いスパンでとらえ、たとえ少しずつでも自分のペースでトレーニングを行うことが、長い目でみても体幹を鍛える近道なのです。

はじめはドローインやストレッチからトライし、2日に1度のペースで続けるのがおすすめですが、日々の仕事でままならない人も多いでしょう。そんな場合は無理をせず、週末にまとめてトライ。もちろん気分が乗らなければ、休んでもOK。無理してその日に嫌々行うよりも、翌日に新たな気持ちで行ったほうが、長く続けるという意味ではメリット大。とにかく大事なのは〝続ける〟こと。

そして月日を重ね、変化する体に気づいたらこちらのもの。モチベーションが上がってトレーニングがもっと楽しくなり、自然と好循環が生まれます。

意識するだけでここまで変わる！

体幹と姿勢

P core training

日常的な動作もトレーニングに変わる

立つ、座る、歩く、走る……。日常の動作を意識する機会はあまりありませんが、体幹を使った正しい動かし方にシフトしていくと、多くの筋肉を使うことにつながるため、日常でも常にトレーニングをしている状態となります。

体の使い方を間違える最大の原因は仕事!?

そもそも、なぜ現代人は体の使い方が間違っているのでしょうか。

それは、仕事で長時間、さらには長期間、同じ体の動かし方をした結果、間違ったクセがついてしまうから。デスクワーク、立ち仕事、重いものを常に持つ仕事など、内容によって体の使い方は大きく変わり、違ったクセが出てきます。

そういった場合、手や足など末端の筋肉を使いすぎることにもなるため、腰痛や肩こりといった不調が起こりやすくなります。そうならないよう、体幹を意識し、正しく体を動かすことで、不調も予防・改善できるのです。

**うまく体を使えていないと
こんな症状になることも……**

- 腰痛
- 肩コリ
- ひざの痛み
- 背中の痛み

あなたはできている？
正しい3大動作

座る

椅子に腰かけ、お尻とお腹の筋肉を意識しながら姿勢を正します。できれば背もたれにはもたれかからないのがベター。

立つ

お腹を引っ込め、耳、肩、腰骨、ひざ、くるぶしが一直線になるように。背筋と腹筋が5対5で使われているのが正しい姿勢。

歩く

股関節を主軸に、お尻とお腹の筋肉を使って動くのが正しい歩き方。これができていないと、太ももやふくらはぎが太くなりがち。

P core training

日々の生活や仕事の合間にトレーニング

ながら運動でも鍛えられる！

どんなときでも体幹を意識しよう

体幹は、トレーニングの時間以外に日々の生活のなかでも鍛えることが可能です。Ｐコアトレーニングの最終目標は、日常生活のすべての動作が体幹主導の動きになること。オフィスでのデスクワーク中や家でテレビを見ている時、歩いている時など、日常生活の中で、いつでも体幹を意識するのが理想です。鍛えるチャンスはたくさんあります。気づいたときにはすぐに実践してみましょう。

気軽に体幹を鍛えよう!
座りながらトレーニング

座りながらトレーニング1

椅子に腰かけてお尻の下に手を入れ、お尻の筋肉に交互に力を入れます。お尻の筋肉を正しく使えているかのチェックとしても最適です。

座りながらトレーニング2

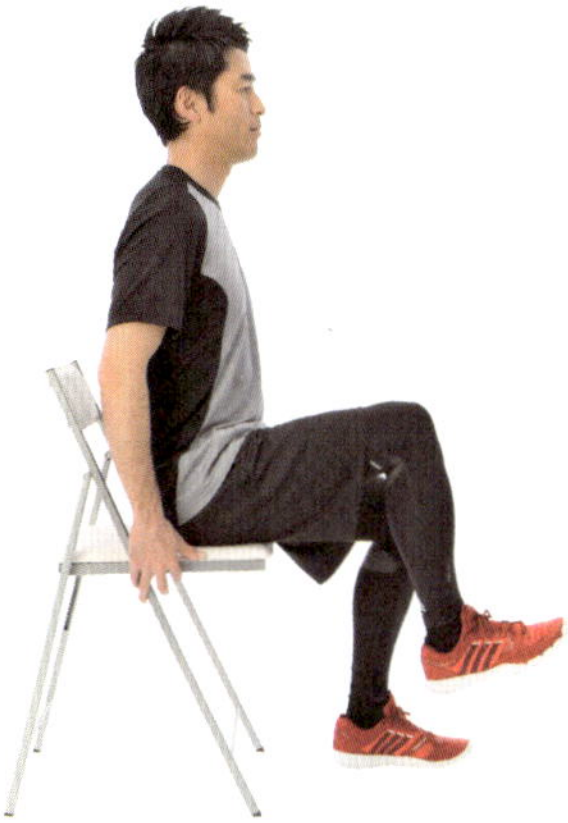

背もたれに寄りかからずに座り、両手で椅子をつかんで右ひざを真上に動かします。この時、股関節から動かすのがコツ。左足も同様に。

座りながらトレーニング3

椅子に浅く腰かけ、姿勢を正した状態で両手を後ろで組みます。そのまま肩甲骨を寄せながら両腕を後ろにゆっくりと伸ばします。

意識を変えてトレーニング効果アップ！

ライフスタイルのコアも整えよう！

運動

栄養

休養

＋

意識

トレーニングの効果アップと健康の維持・増進に欠かせないのが
“運動”“栄養”“休養”です。“運動”はこの本のトレーニングを取り入れるとして
あとの2つも合わせたバランスが大切です。
また、もうひとつ重要なのが、“意識”を変えること。
これらをまんべんなく考慮しながら、
ライフスタイルのコアも整えていきましょう。

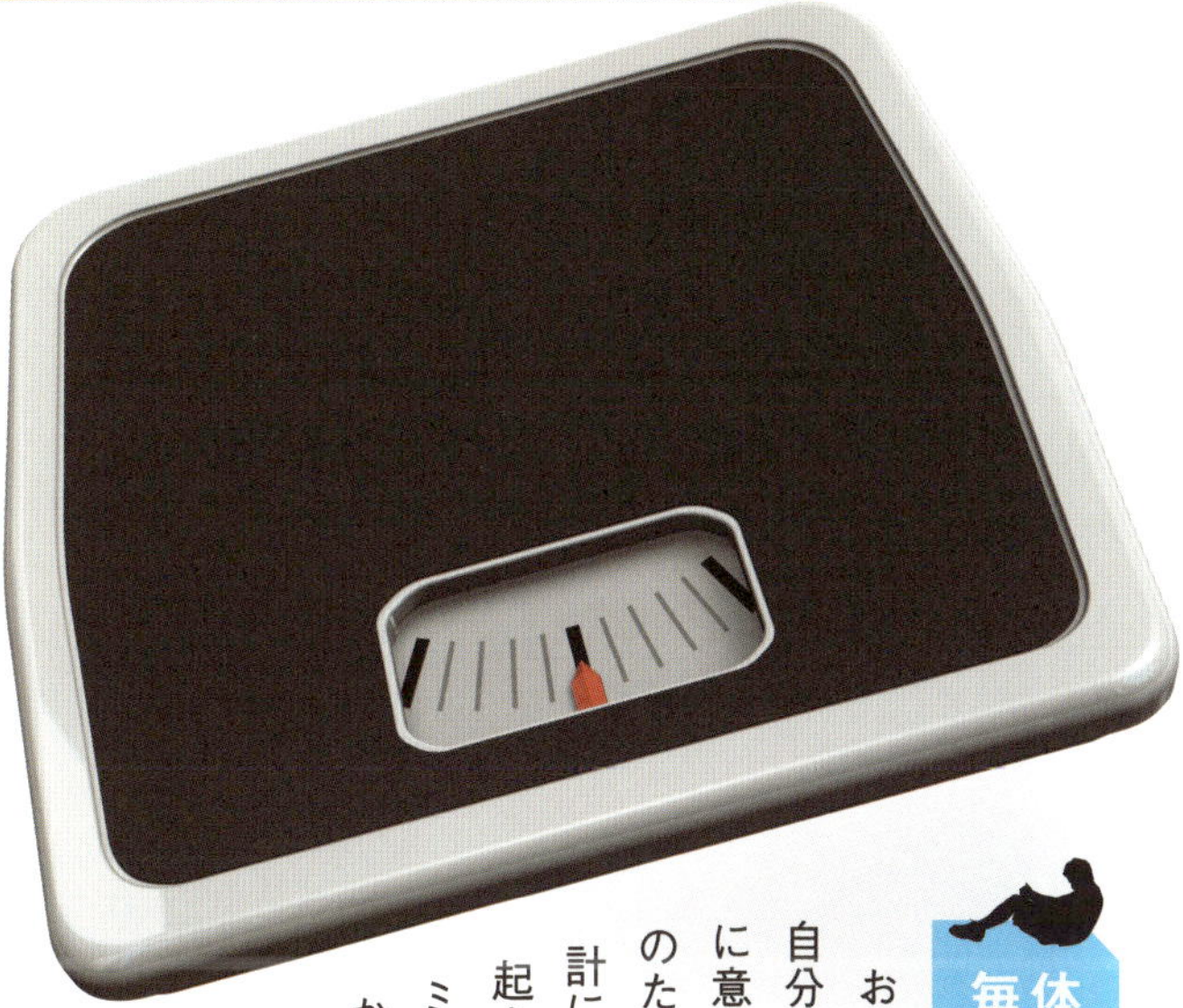

お腹を凹ませたいなら覚えておきたい

体重管理の心得

体重チェックは毎日決まった時間に

お腹を凹ませたいのなら、やはり自分の体重がどれくらいあるかは常に意識しておきたいところです。そのために、毎日決まった時間に体重計に乗ることを習慣にしましょう。起きてトイレに行ったあとのタイミングが、日々の体重の増減がわかりやすくなるのでおすすめです。

特別なダイエットをしていなくても、体重計に乗るだけで自分の体重を意識するようになるため、食事のコントロールがしやすくなります。「昨日に比べて体重が1キロ増えていた」という情報が頭にあれば、ランチのセレクトも、飲み会に参加するかどうかの判断も、おのずと変わってくるものです。もし「体重計が家になくて……」という人は、このチャンスに購入することをおすすめします。体重を測ることは、自分を知る第一歩。いまは体重を管理するスマートフォンのアプリも多く出ているので、測った体重を毎日記録していけば変化が時系列で把握できるうえに、体重の増減の因果関係などもわかりやすくなります。

P core training

最速腹凹への道！
トレーニング効果上昇食事術

Point 1
食事は6回に分けてとる“1日6食”

食事のとり方についてもコツがあります。それは1日の食事を6回に分けてとること。

1日２食など食事の回数が少ないと、お腹がペコペコになっている分、一気に多くの量を食べてしまいがちです。すると、体内で使い切れなかった分のエネルギーが脂肪に変わりやすくなってしまいます。一度の食事量を減らし、回数を増やすことで、食べた分をその都度エネルギーとして使い切ることができるのです。

小腹が減った状態で食べるため激しい空腹感が抑えられ、トータルの食事量を減らせるのもメリットです。

Point 2
炭水化物をとり過ぎない

炭水化物を過剰にとり過ぎるとオーバーエネルギーとなり、太りやすくなります。また、糖質をとり過ぎると体が酸化して疲れやすくなるというデメリットがあります。

一度の食事で食べる炭水化物は自分のこぶし一個分を限度にして、1日2回までが理想的です。そして、夕飯または寝る前には、炭水化物やそのほかの糖質の摂取を控えましょう。

Point 3
タンパク質と油のとり方に工夫を!

タンパク質の1食での吸収限度量は約20 ～ 25gです。20 ～ 25gを食材で例えると、卵2～3個程度、肉だと100g、魚なら2切れ。これを目安に摂取することが理想的です。どの食材もレアに近い方が消化しやすくなりますので、調理方法も工夫しましょう。

良い油は消化がよく太りません。また、ホルモンを生成する基となるので、体には欠かせません。油をとる場合はエキストラバージンオリーブオイルやゴマ油、ひまわり油などを、加熱しない生のままとるのがベストです。加熱調理をするならバターやラードといった動物性脂肪、ココナッツオイルやヤシ油(パームオイル)といった植物油がおすすめです。

Point 4
カフェインのとりすぎに注意

トレーニングをすると汗をかくもの。体内の老廃物や疲労物質をすみやかに体外に出すために、水分補給は欠かせません。1日あたり2リットルを飲むのが理想です。

なおこの時、お茶やコーヒーなどカフェインを多く含むものは避けるようにしましょう。というのも、カフェインには水分を体外に出す利尿作用があるため、せっかくとった水分が余計に排出されてしまうことがあるからです。どんなにコーヒーが好きでも、食後の1杯にとどめておくようにしたいところ。

体幹コラム vol.3

吉田式 Pコアトレーニング Q&A

トレーニング生活を送るなかでよくある質問や気になる疑問をピックアップ！トレーニング効果をしっかりと得るためにも知っておきたい項目です。

Q1 ふだんまったく運動していないけれど、突然トレーニングを始めても大丈夫？

A もちろん心配ありません。初心者なら、数あるトレーニングのなかでもドローインやストレッチから始めると◎。とくにドローインは、テレビを見ている合間など、ちょっとした時間に実践できるほど手軽なのでおすすめです。Pコアトレーニングは、続けることで効果を発揮するメソッドですので、無理のない範囲で、少しずつ行うのも大切なポイントです。

Q2 トレーニングの負荷を上げるタイミングはどう見極めたらいいの？

A トレーニングを続ける上で大切なことのひとつが、少しずつ負荷のレベルを上げることです。普段行っているトレーニング種目のなかで、指定の回数を正しく、楽にできるようになったものがあるなら、その種目をクリアした、という印。同じ種目をもう１セット増やしたり、よりレベルの高い内容のトレーニングに変えてみましょう。

Q3 筋肉がつきやすい体質なので、鍛えるとすぐに足や腕が太くなってしまうのですが……。

A それは体質ではなく、間違った体の使い方をしているからです。よく「ランニングで足が太くなった」と言いますが、その理由は代償動作でふくらはぎや太ももを使った動きをしているため。走るという運動は本来、腹筋やお尻の筋肉を使う動きなので、お尻が鍛えられたとしても足が太くなるというのは考えにくいのです。

Q4 トレーニングを一度やめてしまったら、もう一度ゼロから鍛えなければならないの？

A トレーニングをやめた時、体がトレーニング前の状態に戻ってしまうのは確かです。ただし、再開した時、体が運動を続けていた時の状態に変化するスピードが、最初に始めた時よりも早くなります。筋力は衰えていても、体が動かし方を記憶しているためです。トレーニングに挫折してもぜひ、再びトライしてほしいと思います。

Q5 痛みがある時には、逆にトレーニングを行ったほうがいいと聞くけど本当？

A 間違いです。そもそも痛みとは、体が発しているシグナル。それを無視してトレーニングを行った場合、トラブルのある部分がさらに悪化することも考えられます。そのため、まずは医師の診断を受けて、痛みの原因をつきとめるのが先決。そこで医師の許可が出ればトレーニングを続ける、ストップがかかったら中断するのがベストです。

とにかく無理せずに
トレーニングを
続けることが大切です。
続けていれば
自然と正しい体の動き方に
近づいていきます。

腹が凹む体幹筋トレ

2014年7月10日　第1刷発行

監修
吉田輝幸

●編集
福島槙子
●デザイン
I' ll products
●撮影
平塚修二
天野憲仁（日本文芸社）
●取材・執筆
吉川圭美
●制作協力・マネージメント
見山　明（Pコア）
古谷武士（LDH）
●モデル
本山美瑚（fresca）
●ヘアメイク
太田絢子
●衣装協力
アディダス ジャパン
TEL:0120-810-654（アディダスグループお客様窓口）
●画像提供
Fotolia

発行者
中村　誠
印刷所
図書印刷株式会社
製本所
図書印刷株式会社
発行所
株式会社日本文芸社
〒101-8407　東京都千代田区神田神保町1-7
（編集）03-3294-8920　（営業）03-3294-8931

Printed in Japan 112140625-112140625Ⓝ01
ISBN978-4-537-21190-0
編集担当：菊原・上原
URL http://www.nihonbungeisha.co.jp

☆本書は、小社より2013年6月に刊行した「完全腹筋強化術」を再編集したものです。